新編 生命の實相 第46巻

女性教育篇

母・妻・娘の聖書

下

谷口雅春

Masaharu Taniguchi

光明思想社

編者はしがき

本書「女性教育篇」下巻には「人との接し方」について実に具体的な説明が述べられている。例えば「深切《しんせつ》」についてである。谷口雅春先生は次のように語られている。

「一切の生命あるもの、生きとし生けるもの悉《ことごと》く自他一体が本来であるという事を悟って、それに深切行《しんせつぎょう》を志す人たちの家が生長の家であって、その自他一体の真理を奉《ほう》戴《たい》して人に深切を行うという事が、生長の家の生き方であります」（三頁）

人間はみな神から生まれ神の生命を宿す神の子であるから、「自」と「他」はバラバラのものではなく本来一つである。その本来一つの生命が自然と他人に働きかける行為が「深切《しんせつ》」であるというのである。
「深切行《しんせつぎょう》をするには、金持でなければ出来ないとか、或は財産を捨てなければ出来ないとかいうような、そんな難《むつ》かしい、また制限のある深切をするのではないのであります。金が無くても人に深切が出来るのであります。人々が下駄《げた》を脱ぎ散らしているならば、下駄を揃えるのも一つの深切行であります。一枚の塵紙《ちりがみ》がなくて困っている人には一枚の塵紙を与えるのが深切行であります」（四頁）
「本当の深切は自他一体の意識から自然法爾《じねんほうに》に出て来るのでありまして、『彼《かれ》』と『我《われ》』とは別れていないという本当の真理を悟ったところから、自然に深切というものが流れ出て来るので、それはちょうど、高い所と低い所との区別の劃《しきり》を除《と》ったら、水が自然に流れ出て来るように、自他一体の悟《さとり》によって『自《じ》』と『他《た》』との劃《しきり》が除《と》れたら自然に流れ出て来るのであります。既に『自』と『他』との劃《しきり》がないとしましたら、『私が』『彼に』してやったという力みはないはずであります」（六頁）
「報酬を期待して人に深切するというのは既に間違った考《かんがえ》で、もし報酬のない時は腹が立ってくる、恨めしくなる。ですから、そういうふうな深切《しんせつ》でなしに唯《ただ》無我になって私《わたくし》なしに相手を生かすような言葉をかけ、表情を与え、深切な念《おも》いを送って相手を拝むというのが、生長の家の本当の生き方であります」(一二～一三頁)

「深切」という我々が普段よく口にし耳にする言葉も、日常生活ではよく他人との葛藤を引き起こす原因となっているが、それは「深切」に対して見返りを求めているからだと谷口雅春先生は説いておられる。だから「深切」とは単なる処世上の道徳的徳目ではなく、「自他一体」という極めて深い宗教的真理から流れ出てくるものだと説かれるのである。ぜひ「深切」というものの本質を本書からくみ取っていただきたい。

さらに、谷口雅春先生は「人に与える雰囲気」についても述べておられる。

「御婦人の方は人に色々良い感じを与えたいと思う。そして衣裳を着飾ってみたり、上から化粧をしてみたりする人がありますけれども、いくら化粧をしましても、良き衣裳を着飾りましても、自分自身の全体から立騰《たちのぼ》る雰囲気、或はそこから波及してくるところの精神的波というものが、不完全な、浄《きよ》らかでない不潔な不快なものである限りに於て吾々《われわれ》は人に良き感じを与える事は出来ないのであります。ですから、吾々は自分自身の『心』をして先ず高貴なる音楽を奏でる心たらしめなければなりません。外からの飾りよりも、心の内から奏で出ずる精神波動の音楽がよき音楽になったとき、吾々は初めて本当に人に好感を与える事が出来るのであります」（三三頁）

「快い人になるには先ず自分自身が快い人にならねばならないのであります。自分自身から快い気を放射する。即ち不快な気持を起さないことが、自分から放散する念の波を浄《きよ》めて、自分自身を他《ひと》から悪く思われないことにする秘訣であります」（三四頁）

「表面で隠していても雰囲気は隠すことが出来ない。常に吾々はどんな人とも調和するように大調和の念波を起していない限り、誰からでも好かれるというふうな人格にはなれないのであります。人から好かれる人間になる為には吾々は絶対に人を嫌悪するような感じ、憎む感じ、怒《いか》る感じというものから離れる事が必要であります」（四二〜四三頁）

我々が日頃から放射している雰囲気は「常に最も頻繁に吾々が心に把持《はじ》していると

ころの心の状態」をあらわしている。そしてその雰囲気がその人の人相を形作る。だから、我々が明るい、光明の雰囲気と人相を持ち、相手と調和するためには、「この肉眼に映ずる五官に顕《あらわ》れた良人《おっと》や細君を見ないで、五官の目を閉じて、『そんな悪いものはない』と否定してしまって、そうして実相の完全円満な姿を見て『みんな神の子である』と観じて相手の実相のリズムを呼び起すようにしなければならないのです」（四八頁）と谷口雅春先生は諭《さと》されているのである。

本書ではそのほかに家庭不和や病気などについても説かれているが、谷口雅春先生の教えが他の宗教と決定的に異なっている点を挙げて次のように述べられている。

「生長の家はそういうように宗教と日常生活というものと別々に離してしまわないのであります。宗教が日常生活の中に生きるようでなければ本当でない。宗教とは教会で演説することではないのであります。宗教とは生きることである、こう生長の家では言っています。宗教とは生きることである。教会で説教を聴いたり、懺《さん》悔《げ》したり、祈りをしたり、そして家《うち》へ帰って来たら、また教会で教えられた教《おしえ》に背いて、金儲けのことを考えて、罪を造って、また教会で懺悔をする快楽を味わう為に行くのが宗教ではないのであります。そういう感情の遊戯が宗教ではない。自分の生命を完全に生きることが本当の宗教なのです」（一一六頁）

宗教を生活に生かし、生活そのものが宗教であると説いている谷口雅春先生の教えを再読三読して頂ければ幸いである。

令和三年三月吉日

谷口雅春著作編纂委員会

女性教育篇

母・妻・娘の聖書（下）

目次

編者《へんじゃ》はしがき

女性教育篇《じょせいきょういくへん》　母・妻《つま》・娘《むすめ》の聖書《せいしょ》（下）

第45巻・女性教育篇　母・妻・娘の聖書（上）

凡例

一、本全集は、昭和四十五年～昭和四十八年にわたって刊行された愛蔵版『生命の實相』全二十巻を底本とした。本書第四十六巻は、愛蔵版第十五巻『女性教育篇』を底本とした。

一、本文中、底本である愛蔵版とその他の各種各版の間で異同がある箇所は、頭注版、初版革表紙版、黒布表紙版等を参照しながら確定稿を定めた。

一、底本は正漢字・歴史的仮名遣いであるが、本全集は、一部例外を除き、常用漢字・現代仮名遣いに改めた。

一、現在、代名詞、接続詞、助詞等で使用する場合、ほとんど用いられない漢字は平仮名に改めた。

一、本文中、誤植の疑いがある箇所は、頭注版、初版革表紙版、黒布表紙版等各種各版を参照しながら適宜改めた。

一、本文中、語句の意味や内容に関して註釈が必要と思われる箇所は、頭注版を参照しつつ脚註として註を加えた。但し、底本の本文中に括弧で註がある場合は、例外を除き、その箇所のままとした。

一、聖書、仏典等の引用に関しては、明らかに原典と異なる箇所以外は底本のままとした。

一、頭注版『生命の實相』全四十巻が広く流布している現状に鑑み、本書の章見出し、小見出しの下の脚註部分に頭注版の同箇所の巻数・頁数を表示し、読者の便宜を図った。

一、本文と引用文との行間は、読み易さを考慮して通常よりも広くした。

一、本文中に出てくる書籍名、雑誌名はすべて二重カギに統一した。

女性教育篇

母・妻・娘の聖書（下）

第九章　深切行《しんせつぎょう》について

頭注版㉙一一一頁

一、人生《じんせい》を円滑《えんかつ》にする油《あぶら》の差《さ》し方《かた》

頭注版㉙一一一頁

「生長《せいちょう》の家《いえ》」の生《い》き方《かた》は無一物《むいちもつ》にならなければ出来《でき》ないとか、何宗《なにしゅう》にならなければ出来ないというような狭《せま》い偏寄《かたよ》った生き方ではないのであります。

無一物　何もないこと。何も持っていないこと

生長《せいちょう》の家《いえ》の教《おしえ》は一切《いっさい》を生かし、一切と仲好《なかよ》くなる教《おしえ》でありますから、他《た》を排擠《はいせい》して生長《せいちょう》の家宗《いえしゅう》になる必要《ひつよう》はないのであります。それ故吾々《ゆえわれわれ》は、別《べつ》に今迄《いままで》の宗教《しゅうきょう》を止《や》めて生長の家にお入《はい》りなさいとは申《もう》しません。今迄《いままで》の宗教そのままで好《よ》いのであります。甲《こう》を止《や》めて乙《おつ》に入《はい》れという教《おしえ》でありましたならば、それは既《すで》に一《ひと》つの対立的《たいりつてき》な教《おしえ》であって、一つの教団《きょうだん》に対《たい》する又《また》別の教団という事《こと》になるのでありますけれども、生長の家は、何宗《なにしゅう》という教団ではないのでありますから、何宗《なにしゅう》でも好《よ》いのであります。それでは宗教であるかというと、そういう「宗団教《しゅうだんきょう》」ではない。要《よう》するに一切の生命《せいめい》あるもの、生きとし生けるもの悉《ことごと》く自他一体《じたいったい》が本来《ほんらい》であるという事を悟《さと》って、それに深切行《しんせつぎょう》を志《こころざ》す人《ひと》たちの家《いえ》が生長の家であって、その自他一体の真理《しんり》を奉戴《ほうたい》して人に深切《しんせつ》を行《おこな》うという事が、生長の家の生《い》き方《かた》であります。ですから、必《かなら》ずしも某宗団《あるしゅうだん》のように毎朝《まいあさ》「朝詣《あさまい》り」をして道場《どうじょう》に坐《すわ》らなくてはならんという事もない、出て来られても出て来なくても、一向差支《いっこうさしつかえ》な

排擠　他をおしのけたり陥れたりすること

甲を止めて乙　複数の人・物・事柄があるとき、その一番目を二番目に代えること

宗団教　宗教団体

奉戴　つつしんでいただくこと

いのであります。唯我々《ただわれわれ》の心を浄《きよ》める為《ため》に一日《にち》の中《うち》の暇《ひま》な時間《じかん》を択《えら》んで三十分《ぷん》でも実相《じっそう》を観《かん》ずる神想観《しんそうかん》をするとか、或《あるい》は電車《でんしゃ》の中《なか》ででも、汽車《きしゃ》の中《なか》ででも、聖典《せいてん》を読んで心を浄《きよ》めるようにし、そうして自他一体《じたいったい》の真理《しんり》を生きる、即《すなわ》ち人《ひと》に深切行《しんせつぎょう》をするように心掛《こころが》けて欲《ほ》しいというわけであります。

二、深切《しんせつ》は誰《たれ》にも出来《でき》る

ところで、この「深切行《しんせつぎょう》」の問題《もんだい》でありますが、深切行《しんせつぎょう》をするには、金《かね》持《もち》でなければ出来ないとか、或《あるい》は財産《ざいさん》を捨《す》てなければ出来ないとかいうような、そんな難《むつ》かしい、また制限《せいげん》のある深切《しんせつ》をするのではないのであります。金《かね》が無《な》くても人《ひと》に深切《しんせつ》が出来るのであります。人々《ひとびと》が下駄《げた》を脱《ぬ》ぎ散《ち》らしているならば、下駄を揃《そろ》えるのも一《ひと》つの深切行《しんせつぎょう》であります。一枚《まい》の塵紙《ちりがみ》がなくて困《こま》っている人には一枚の塵紙《ちりがみ》を与えるのが深切行《しんせつぎょう》であります。下駄《げた》の鼻《はな》

神想観　著者が啓示によって得た坐禅に似た観法。本全集第十四、十五巻「観行篇 神想観実修本義」参照
聖典　宗教の教義の根本となる書物。ここでは主に『生命の實相』を指す
頭注版㉙一一二頁
塵紙　粗末な紙。一般に鼻紙や落とし紙をいう
鼻緒　草履や下駄などの履き物の台部につけて足にかけるひも

緒《お》が切れて困《こま》っている人《ひと》を見出《みいだ》したら、いつも紐《ひも》の切端《きれはし》ぐらいは携帯《けいたい》していてそれを与えるというふうにするのが、生長《せいちょう》の家《いえ》の生活《せいかつ》であります。雨が降《ふ》っている時《とき》に一緒《いっしょ》に同じ方向《ほうこう》に同じ速力《そくりょく》で行《ゆ》く人があるのに、自分《じぶん》は傘《かさ》を擎《さ》しているけれども知らぬ顔《かお》して勝手《かって》に濡《ぬ》れておりなさいというようにして行《ゆ》くのは生長の家の生《い》き方《かた》ではないのであります。みんなに深切《しんせつ》を与えるのが生長の家であります。別《べつ》に自分の物《もの》を減《へ》らさなくてもよろしいのです。減るものを与えるのではともすれば執着《しゅうじゃく》がかかるのでありましてそれは本当《ほんとう》の深切《しんせつ》にはならない事《こと》が多いのであります。よく深切《しんせつ》してやったのに相手《あいて》に恩返《おんがえ》しをされないで恩《おん》を仇《あだ》で返されたといって不平《ふへい》に思い、怨《うら》みに思う人がありますけれども、あとで怨《うら》みに変《かわ》るような深切《しんせつ》は本当の深切《しんせつ》ではありません。深切《しんせつ》が怨《うら》みに変《かわ》るのは「我《が》」があるからです。「わしがした、わしがした」のわしがあるからです。本当の深切《しんせつ》は無我《むが》の深切《しんせつ》でなければならないのです。自分が施《ほどこ》すという事も知らないところの無我《むが》の深切《しんせつ》でなければ、

ともすれば　どうかすると

本当《ほんとう》の深切《しんせつ》であるというわけに行《ゆ》かないのであります。本当の深切《しんせつ》は自他一《じたいっ》体《たい》の意識《いしき》から自然法爾《じねんほうに》に出《で》て来《く》るのでありまして、「彼《かれ》」と「我《われ》」とは別れていないという本当の真理《しんり》を悟《さと》ったところから、自然《しぜん》に深切《しんせつ》というものが流れ出て来るので、それはちょうど、高い所と低い所との区別《くべつ》の劃《しきり》を除《と》ったら、水が自然に流れ出て来るように、自他一体《じたいったい》の悟《さとり》によって「自《じ》」と「他《た》」との劃《しきり》が除《と》れたら自然に流れ出て来るのであります。既《すで》に「自」と「他」との劃《しきり》がないとしましたら、「私が」「彼に」してやったという力《りき》みはないはずであります。「私が」「彼に」してやったと、「私が……私が」と、力《りき》む事《こと》は、本当の自他一体《じたいったい》の深切行《しんせつぎょう》になっていないのであります。「私が」「彼に」施《ほどこ》しをしたとか深切《しんせつ》をしたとかいう事を心に溜《た》めておって、それが原因《げんいん》になって腹《はら》が立つとか、或《あるい》は恨《うら》みに思うとかいうような位《くらい》なら、そんな深切《しんせつ》は始《はじめ》から妄《うそ》の深切《しんせつ》であります。本当の深切《しんせつ》というものはいつそんな事をしたか分《わか》らない中《うち》に深切《しんせつ》が出来《でき》ているように、当前《あたりまえ》に出来るようにならなけれ

自然法爾　仏教語。人為を加えなくてもそのままで、おのずから真理にかなっていること

ば、本当《ほんとう》の深切《しんせつ》ではないのであります。

三、無一物《むいちもつ》の深切行《しんせつぎょう》

そういうふうに生長《せいちょう》の家《いえ》の深切行《しんせつぎょう》というものは実《じつ》に広々《ひろびろ》としたもので何《なん》にもなくても行《おこな》えるものであります。無論《むろん》この一枚《まい》の紙がなければ、一枚の紙の欲《ほ》しい人《ひと》には与える事《こと》は出来《でき》ませんけれども、何《なに》も施《ほどこ》すことは一枚の紙に限《かぎ》らないので、何《なに》もなくても吾々《われわれ》は人々《ひとびと》に深切《しんせつ》を施すことが出来るのであります。例《たと》えば失意《しつい》の人に希望《きぼう》の言葉を投げかける、或《あるい》は会《あ》う人毎《ひとごと》に厚意《こうい》と深切《しんせつ》との微笑《びしょう》を投げかける、人が何《なに》かをしたら、朗《ほが》らかに相手《あいて》の長所《ちょうしょ》をほめる。こういうふうなことは与えてもちっとも減《へ》らないものでありまして、どんな貧乏人《びんぼうにん》でも自分《じぶん》の顔《かお》は持っているから、自分の顔を莞爾《にっこり》と微笑《びしょう》させるぐらいは出来ますし、どんな貧乏人でも自分の口は持っていて唖《おし》でない限《かぎ》り

頭注版㉙一一四頁

は言葉を出す事《こと》が出来《でき》るのでありますから、それでその言葉によって相手《あいて》の長所《ちょうしょ》を褒《ほ》める位《くらい》のことは出来るのであります。これが大きな功徳《くどく》であり施《ほどこ》しになるのであります。そんなら唖《おし》であったら褒《ほ》めるわけにいかないといわれるかも知れませんが、合掌《がっしょう》ぐらいは出来るのであります。合掌して相手を拝《おが》む、その「拝み」だけでも大きな施《ほどこ》しになるのであります。手のない片《かた》輪者《わもの》ならどうしたら好《よ》いかという人《ひと》があるかも知れませんが、心で拝む、心で本当《ほんとう》に拝めたら、手で拝むよりも、金銭《きんせん》を与えるよりも、まだまだ尊《とうと》い深《しん》切《せつ》であることがあるのであります。

四、或《あ》る四国遍路《しこくへんろ》の話

或《あ》る本を読みましたら、或《あ》る人が修行《しゅぎょう》の為《ため》に四国遍路のような生活《せいかつ》をして歩いておりました。一《ひと》つの札所《ふだしょ》を通《とお》って次の札所《ふだしょ》へ行《ゆ》こうとするにはま

功徳　善をおさめること。神仏の恵み。御利益（ごりやく）

片輪者　身体の一部に障害がある人

頭注版㉙一一五頁

四国遍路　弘法大師が開いたとされる四国の八十八ヵ所の霊場を巡拝すること。また、その人

札所　巡礼者が参詣する霊場。参詣のしるしとして札を受けたり納めたりする寺の一つ一つ

だ数里《すうり》を歩かなくてはならない。そこで一《ひと》つの村端《むらはず》れに来たのでありまして、次の札所《ふだしょ》のある村へは何時間《なんじかん》かからなければ着かないか分《わか》らない。もう日《ひ》が暮《く》れているから何時間も歩くわけにいかないと思いまして、その村端《むらはず》れの一軒《けん》の家《いえ》に行《い》って「お泊《と》め下《くだ》さい」といって、丁寧《ていねい》にお願《ねが》いしたのであります。すると、その村人《むらびと》がいうには、「お気《き》の毒《どく》ですけれども、家《うち》ではお泊め申《もう》す事《こと》が出来《でき》ません」といってすげなく断《ことわ》ってしまったのであります。果《はた》してすげないのか、深切《しんせつ》なのかそこは知りませんが、ともかく断ってしまったのであります。

　しかしこの遍路《へんろ》さんは自分《じぶん》が断られた事《こと》を残念《ざんねん》とも何《なん》とも思わなかった。日は暮れている。既《すで》にこんなに日が暮れているのに、次の村までもう数里の道《みち》を歩かなければならない自分が、丁寧にあんなにお頼《たの》みしても、なおこの家《うち》の人《ひと》が泊めてくれないのは、この家《うち》が何《なに》か物質的《ぶっしつてき》に飢《う》えているか、精《せい》神的《しんてき》に飢えているか、どちらにしても飢えているところがあるに違《ちが》いない。

数里　一里は約四キロメートル

すげなく　無情に。冷淡に

ああ気《き》の毒《どく》な事《こと》であるとこうお考えになったのであります。その時《とき》もう、自《じ》分《ぶん》が泊《と》めて頂《いただ》けないのが辛《つら》いとも何《なん》とも考えなかった。「ああ、気の毒なことである。何《なん》とかこの家《うち》が物質的《ぶっしつてき》にも精神的《せいしんてき》にも恵《めぐ》まれるようにならせてあげたいものだ」という愛が油然《ゆうぜん》と湧《わ》き出《で》て来《き》たのであります。それで、二十間《けん》くらい歩くと振向《ふりむ》いて、その家《いえ》の方《ほう》を合掌《がっしょう》して、「この家《うち》は心が貧しいのか、物質《ぶっしつ》が貧しいのか知りませんけれども、自分を泊めてくれる事《こと》が出来《でき》ないのは、何《なに》か貧しい点《てん》があるからでしょうから、どうぞこれからもっとこの家《うち》の人《ひと》が富《と》みますように」と心の中《なか》に念《ねん》じて拝《おが》んでおったのであります。そうすると、その家《うち》の人が、今《いま》の遍路《へんろ》さんはどうしたろうかと覗《のぞ》いておったらしいのです。ところが、何一《なにひと》つ与えたでもなく、すげなく断《ことわ》った自分の家《いえ》の方《ほう》を実《じつ》に敬虔《けいけん》な態度《たいど》で拝んでいるのでありますから、宿泊《しゅくはく》を断ったことが何《なん》ともいえない申訳《もうしわけ》がないような気がして、そこの家《いえ》の人が旅人《たびびと》を追って来まして、「もしもし、あんたどうして拝んでおったか」と訊《き》いたのであり

油然　ある思いや感情が突き上げるように起こるさま
二十間　約三六メートル。一間は約一・八メートル

敬虔　うやまいつつしむ気持ちの深いさま

ます。遍路《へんろ》さんは「実《じつ》はこういう気持《きもち》で拝《おが》んでおったのである」といいましたら、その家《いえ》の人《ひと》が大変《たいへん》その徳《とく》を感《かん》じて「どうも申訳《もうしわけ》がなかった。誠《まこと》に不《ふ》深切《しんせつ》な事《こと》をして申訳《もうしわけ》がなかったから、どうぞお泊《とま》りをお願《ねが》いしたい」といったのであります。それからその旅人《たびびと》がその家《うち》に上《あ》げてもらい泊りましたが、夜半《よなか》に目が醒《さ》めて見ますと、その家《うち》の人は寝《ね》ていないで、起きて何《なに》か団扇《うちわ》でばさばさと煽《あお》いでいるのです。どういうわけかというとその家《いえ》には夜《や》具《ぐ》が一人前《ひとりまえ》しかない、蚊《か》も出てくるし、人を泊《と》めたら自分《じぶん》が寝られない。そんなわけでその家《いえ》に泊める事が出来《でき》なかったのであります。そんなわけで一《いち》時《じ》はお断《ことわ》りしたのでしたけれども、旅人が自分の家《うち》を拝んでいた、その拝む心に打たれたので旅人を呼返《よびかえ》してお泊めした。お泊めするにはお泊めすることにしたけれども、夜具がないので自分たちが寝ると、旅人をお泊めするわけにいかないから、申訳《もうしわけ》がないから先《さき》に寝床《ねどこ》を敷《し》いて「お寝《やす》み下《くだ》さい、私は仕事《しごと》がありますから」といって、自分は起きておったのであるという事が

夜具　寝具

分《わか》ったのであります。

話を聞いてみれば人間《にんげん》の魂《たましい》の奥底《おくそこ》は尊《とうと》いものであります。もう互《たがい》に眠《ねむ》らないで夜徹《よどお》し話合《はなしあ》って魂の喜《よろこ》びを分《わか》ったということであります。この旅人《たびびと》が自分《じぶん》を断《ことわ》った人《ひと》を拝《おが》んだというような深切《しんせつ》などは一文《もん》もなくても出来《でき》る本当《ほんとう》の深切《しんせつ》であります。この相手《あいて》の実相《じっそう》を拝《おが》み出《だ》して上《あ》げるという事《こと》は、金《かね》がなくても、着物《きもの》がなくても、何《なに》がなくても拝める深切《しんせつ》でありまして、その拝みによって皆《みん》なが光明化《こうみょうか》されてお互《たがい》によくなってくる、これが生長《せいちょう》の家《いえ》の生《せい》活《かつ》であります。

五、深切《しんせつ》に報酬《ほうしゅう》を期待《きたい》してはならぬ

といいましても、別《べつ》にこういうふうに深切《しんせつ》をしたら、こういう良《よ》き結果《けっか》になるというのではないのであります。そういうふうな報酬を期待して人に

分つ　分け合う。分かち合う

頭注版㉙一一八頁

深切《しんせつ》するというのは既《すで》に間違《まちが》った考《かんがえ》で、もし報酬《ほうしゅう》のない時《とき》は腹《はら》が立ってくる、恨《うら》めしくなる。ですから、そういうふうな深切《しんせつ》でなしに唯無我《ただむが》になって私《わたくし》なしに相手《あいて》を生《い》かすような言葉をかけ、表情《ひょうじょう》を与え、深切《しんせつ》な念《おも》いを送って相手を拝《おが》むというのが、生長《せいちょう》の家《いえ》の本当《ほんとう》の生《い》き方《かた》であります。ですから、何宗《なにしゅう》にならなければならぬという事《こと》はない、また金持《かねもち》にならなければならないという事もない、貧乏《びんぼう》にならなければならないという事もない、このままで皆《みな》神の子である、兄弟《きょうだい》であるという事を自覚《じかく》すれば、それで好《よ》いのであります。これが生長の家の深切運動《しんせつうんどう》でありまして、この深切運動を全世界《ぜんせかい》に弘《ひろ》めて行《ゆ》くという事によりまして、全世界が本当に光明化《こうみょうか》してくるのであります。吾々《われわれ》の念願《ねんがん》はそこにありまして、一《ひと》つの「生長の家」という団体《だんたい》を大きくすること、その事が目的《もくてき》ではないのであります。吾々《われわれ》はこの光明化運動《こうみょうかうんどう》の精神《せいしん》を弘《ひろ》めるためには、講演《こうえん》する人《ひと》も、原稿《げんこう》を書く人も、発送《はっそう》する人も要《い》りますから、それらの人たちの集《あつま》る事務所《じむしょ》としての建物《たてもの》も要《い》りますし、人員《じんいん》も必要《ひつよう》に応《おう》じて、出張《しゅっちょう》し、発送《はっそう》し、執筆《しっぴつ》するために揃《そろ》えておかねばならぬので、団体《だんたい》みたいになっておりますけれども、これは決《けっ》して「生長《せいちょう》の家《いえ》という団体」がここに固《かた》って、他《た》の団体や宗教《しゅうきょう》に対立《たいりつ》しているのではないのであって、「生長の家」は到《いた》る処《ところ》にあるのであります。生長の家は全世界《ぜんせかい》に広がっているのでありまして、生長の家の生《い》き方《かた》をする人《ひと》の家《いえ》は皆《みな》生長の家であります。深切行《しんせつぎょう》をする人の家は皆生長の家であります。

六、憎《にく》みは致命的毒箭《ちめいてきどくや》である

カーライルが、「汝《なんじ》の運命《うんめい》を征服《せいふく》する武器《ぶき》は念《ねん》である。汝《なんじ》、もし人または団体に対《たい》して致命的な考《かんがえ》を持つならば、汝《なんじ》は引金《ひきがね》を引かなくとも相手《あいて》に手《て》傷《きず》を負《お》わすのである。念《ねん》ずればその結果《けっか》は必然《ひつぜん》にあらわれる」と言ったところの言葉は実《じつ》に真理《しんり》を穿《うが》っているのであります。『生長の家』の誌友《しゆう》の方《かた》

頭注版㉙一一九頁

致命的 命とりになるようなさま

毒箭 鏃(やじり、矢の先端)に毒の塗ってある矢

カーライル Thomas Carlyle 一七九五～一八八一年。イギリスの歴史家、評論家。主著は『衣服の哲学』『英雄と英雄崇拝』『過去と現在』

手傷 戦闘などで受けた傷

穿つ 物事の本質を的確に言い表すこと

『生長の家』 著者の個人雑誌として昭和五年三月一日に創刊された。本全集第三十一～三十三巻「自伝篇」参照

誌友 狭くは月刊誌『生長の家』の読者を指し、広くは「生長の家」信徒を指す

は既《すで》にこういう体験《たいけん》をはっきりと悟《さと》っておられるはずでありまして、その人《ひと》の病気《びょうき》を治《なお》してあげたいと深切《しんせつ》の念《ねん》を起《おこ》したら不思議《ふしぎ》にちゃんと治《なお》ってくる。中《なか》にはその反対《はんたい》に、「あいつ都合《つごう》が悪くいけばいいに」と思っていると、不思議にその人に不幸《ふこう》が起《おこ》ったり、或《あるい》は病気が起《おこ》ったり、首を縊《くく》って死ぬというようなことが起《おこ》る――こんなことも往々誌友《おうおうしゆう》の皆《みな》さんから聞かされるのであります。それは心というものは運命《うんめい》を征服《せいふく》するところの武器《ぶき》であり、神想観《しんそうかん》をやっていると、善《ぜん》にまれ、悪《あく》にまれ、この心の力《ちから》が強くなって来るのです。そして、吾々《われわれ》の運命というものは心によってつくられているのですから、心で思うとおりになるのであります。

神想観《しんそうかん》を毎日《まいにち》怠《おこた》らずやっておりますと、特《とく》に心の具象化力《ぐしょうかりょく》が非常《ひじょう》に強くなってくるのであります。良《よ》い方《ほう》にも強くなりますと共《とも》に悪い方《ほう》にも強くなります。それで悪い事《こと》は危《あぶな》くて滅多《めった》に考える事が出来《でき》ないという事になるのであります。先日《せんじつ》も「家《うち》の子供《こども》は寝台《しんだい》から転《ころ》がり落ちはしないかと心配《しんぱい》して

…にまれ　「…にもあれ」の変化した形。…であっても。…でも

具象化力　形のないものが形になってあらわれる力

おったら、本当《ほんとう》にその寝台《しんだい》から落ちました」といって話された石澤《いしざわ》さんという奥《おく》さんがあります。その方《かた》は、次に又子供《またこども》が二階《かい》から落ちはしないかと心配《しんぱい》したら、又《また》二階から落ちたといわれました。こういう工合《ぐあい》に、自分《じぶん》の念《こころ》の通《とお》りになる。その代《かわ》り病気《びょうき》なんかも無《な》いと思ったら病気はなくなってしまったり、或《あるい》は、その反対《はんたい》に、「あの人《ひと》はどうも憎《にく》らしいナ」と思っていると、その人がどこか、病気になるとか、不幸《ふこう》になるとか、災難《さいなん》を受けるとか、致《いた》すことがよくありますが、こういうふうに吾々《われわれ》の念《こころ》の力《ちから》というものは具象化《ぐしょうか》力《りょく》の強いものですから、深切行《しんせつぎょう》の第《だい》一は心に相手《あいて》の善《よ》きことを念《ねん》ずることであります。

七、執愛《しゅうあい》は深切行《しんせつぎょう》に非《あら》ず

深切《しんせつ》が必要《ひつよう》である、愛の心が必要であると申《もう》しましても執著《しゅうじゃく》の愛念《あいねん》は愛

頭注版㉙一二〇頁

執愛　人や物に心がとらわれた愛

の念《ねん》であっても、時《とき》として相手《あいて》を害《がい》する事《こと》になります。これは親子《おやこ》としても夫婦《ふうふ》としても考えておかなければなりません。あまり母親《ははおや》が子供《こども》に執著《しゅうじゃく》し過《す》ぎて「子供の成績《せいせき》がよくならない、よくならない」と零《こぼ》したり、「悪くなりはしないかしら。勉強《べんきょう》せよ、勉強せよ」と心配《しんぱい》しておりますと、「悪くなりはしないか」という親《おや》の念《ねん》が働《はたら》きまして、寝台《しんだい》から落ちはしないかと思ったら、寝台から本当《ほんとう》に落ちた子供のように、悪くなりはしないかと思うと悪くなってくるのであります。執著《しゅうじゃく》を持って「良《よ》くあれかし」と思うのは却《かえ》って悪いのであります。執著《しゅうじゃく》なしに既《すで》にそのまま神の子で良いのであると、こういう具合《ぐあい》に思うのが生長《せいちょう》の家《いえ》の考《かんが》え方《かた》であり、深切行《しんせつぎょう》でありま す。

生長の家ではこの世《よ》の中《なか》に「悪」の存在《そんざい》を認《みと》めないのです。神さまの造《つく》り給《たま》うた世界に悪はあるように見えても本来《ほんらい》ないというのです。「悪くないように」ではなくて、始《はじ》めから悪くない、始めから良いものであると観《み》て、先《せん》

良くあれかし　良くあってほしい

方《ぽう》を尊《とうと》んで心で拝《おが》むようにしますと、その善《よ》さが拝んだ通《とお》りに出てくるのであります。病気《びょうき》も、病気を治《なお》そう治《なお》そうと考えている時《とき》には病気というものを心に描《えが》いて持っていて考えざるを得《え》ないのでありますから、どうも病気が治《なお》り悪《にく》いのであります。「そんなものは始《はじ》めからないのだ。人間本来《にんげんほんらい》神の子で、本来完全《かんぜん》である」こう、人間を拝む事《こと》が出来《でき》れば、それは非常《ひじょう》な力《ちから》をもって実現《じつげん》して来《く》るのであります。

八、病気は瞬時《しゅんじ》に心を掠《かす》めた念《ねん》からでも起《おこ》る

吾々《われわれ》の病気を起《おこ》している想念《こころのおもい》というものは実《じつ》につまらないところの、ほんのちょっとした想念《おもい》が病気を起《おこ》しているのであります。それは近代《きんだい》のサイコアナリシス即《すなわ》ち精神分析《せいしんぶんせき》の発達《はったつ》によって明らかになったのであります。『生命《せいめい》の實相《じっそう》』の「参考篇《さんこうへん》」にも書いてありますが、唯或《ただあ》る一人《ひとり》の人《ひと》を殺

頭注版㉙一二二頁

サイコアナリシス　Psychoanalysis　ジークムント・フロイトが始めた人間の深層心理を扱う学問。本全集第十一巻「精神分析篇」参照

『生命の實相』　著者の主著。昭和七年一月黒革表紙版が発行されてより各種各版が発行され、現在までに二千万部近くが発行されている

「参考篇」　ここでは本全集第十一巻「精神分析篇」を指す。昭和七年発行の『生命の實相』初版革表紙版の構成には現在と異同があり、「参考篇」が二篇あった。「参考篇　精神分析による心の研究」及び本全集第三十七巻所収の「参考篇　心が肉体に及ぼす力」

してやろうかと、そんな考《かんがえ》が、一人《ひとり》の林務官《りんむかん》の頭《あたま》をちょっと掠《かす》めた。そんな考《かんがえ》が頭を掠《かす》めたけれども、「あいつを銃殺《じゅうさつ》したら私が縛《しば》られて、刑務所《けいむしょ》に行《い》って拘束《こうそく》されなければならぬ。刑務所で拘束されてじっと一ヵ所《しょ》にいるのは実《じつ》に苦痛《くつう》である。」こう思って、その殺人《さつじん》の考《かんがえ》を忘れてしまったのでありますが。もう表面《ひょうめん》の意識《いしき》には殺人の考《かんがえ》はないのでありますけれども、それが潜在意識《せんざいいしき》の中《なか》に溜《たま》っていて、心の糟《かす》（精神分析《せいしんぶんせき》の方《ほう》ではコンプレックスと申《もう》しまして、学者《がくしゃ》は「錯綜《さくそう》」とか訳《やく》していますが、）心の糟《かす》が潜在意識の底《そこ》に溜《たま》っていて、「刑務所に拘束されて、一ヵ所にいるのは実に苦痛である」こんな考《かんがえ》が、一ヵ所に腰掛《こしか》けると痛《いた》くて仕方《しかた》がないという神経痛《しんけいつう》のような病《びょう》気《き》に具象化《ぐしょうか》し、それを精神分析によって思出《おもいだ》させて解決《かいけつ》したら治《なお》ってしまったのであります。こういうふうに、肉体《にくたい》と吾々《われわれ》の心との関係《かんけい》は頗《すこぶ》る微妙《びみょう》なものであります。まことに吾々《われわれ》の心は自分自身《じぶんじしん》をも縛《しば》る又人《またひと》をも縛る、という事《こと》になります。

林務官　国有林や公有の林野などを管理する役人

潜在意識　人間の意識のうち、自覚を伴わないが心の奥底に潜んでいる意識。全意識の九五パーセントを占め、人間の行動のほとんどはこの影響を受けているとされる。本全集第十一巻「精神分析篇」参照

頗る　非常に

キリストが「女を見て色情《しきじょう》を起《おこ》す者《もの》は既《すで》に姦淫《かんいん》せるなり」と聖書《せいしょ》の中《なか》にいっておられますが、あれも真理《しんり》であります。女を見て姦淫《かんいん》の情《じょう》を起《おこ》しましたなら、本当《ほんとう》に姦淫《かんいん》しなくても心の世界《せかい》では既《すで》に姦淫《かんいん》しているのであるというキリストの言葉が真実《しんじつ》であるということが、近代《きんだい》の精神分析《せいしんぶんせき》によって本当《ほんとう》にそうであると分《わか》ったのであります。「あいつ、殺してやろう」と思うと、殺すという信念《しんねん》を抑《おさ》えてしまったけれども、それが心の世界に残ってこれだけの病気《びょうき》を起《おこ》すという力《ちから》があるということが判《わか》ると、「殺してやろう」という思いだけで既《すで》に殺人罪《さつじんざい》を起《おこ》した事《こと》になり、女を見て姦淫《かんいん》の心を起《おこ》したら既《すで》に姦淫《かんいん》しているという事になります。そういうふうなわけで、人間《にんげん》の執著《しゅうじゃく》の念《ねん》は、相手《あいて》を縛《しば》り、自分を縛り、自分自身《じぶんじしん》をも傷《きず》つけるのであります。

九、美人薄命《びじんはくめい》の原理《げんり》

キリスト　キリスト教の始祖。紀元前四年頃～紀元三十年頃。ナザレの大工ヨセフと妻マリアの子として生まれた。パレスチナで教えを宣布し、多くの奇蹟を起こした。ローマのユダヤ総督ピラトによって磔に処された

「女を見て…」『新約聖書』「マタイ伝」第五章にあるキリストの言葉

色情　肉体的な欲望

姦淫　女性を犯すこと

聖書　ユダヤ教とキリスト教の聖典。ユダヤ教は『旧約聖書』、キリスト教は『旧約・新約聖書』が聖典

頭注版㉙一二三頁

美人薄命　美人は、とかく不幸せだったり早死にしたりすることが多いということ。佳人薄命

美人薄命《びじんはくめい》という諺《ことわざ》がある。美しい女の人《ひと》はどうも薄命《はくめい》であるというのはどういうわけであるかというと、これは常《つね》に人から思われるからでありまず。「思う」のは、「悪くあれかし」と思うのではないのでありますが、それでも、「自分《じぶん》のものにしたい」という縛《しば》る念《ねん》をもって、念波《ねんぱ》を送るということになるのであります。みんなが念波《ねんぱ》を送って、「あの人を自分のものにしたい」と四方八方《しほうはっぽう》から「縛る念《ねん》」を送ってくるという事《こと》になりますと、その念波《ねんぱ》によって自分が縛られてしまって、そうして動きがとれないということになる。それで、美人《びじん》は薄命《はくめい》な運命《うんめい》になるというのであります。そうすると、あまり美人でない方《ほう》が幸福《こうふく》でありますけれども（笑声《しょうせい》）吾々《われわれ》でも「先《せん》生《せい》、こちらへも講演《こうえん》に出て欲《ほ》しい、あちらへも講演に来て欲しい」と思われる。この「欲《ほ》しい」の念《ねん》は執　著《しゅうじゃく》の念《ねん》でありますから、余程《よほど》こちらが用心《ようじん》して、そんな縛る念波《ねんぱ》に引っかからないようにしていないと、縛られて病気《びょうき》になるのです。しかし、縛る念波《ねんぱ》を避《さ》けるには縛らないような念波《ねんぱ》を持っておれば、波長《はちょう》が合わないから、それにひっかからないという事《こと》になります。しかし、「欲《ほ》しい」という念《ねん》は相手《あいて》を縛《しば》る念《ねん》ですから、皆《みな》さんが家庭《かてい》をお持ちになっても、良人《おっと》に対《たい》して「あれを買って欲しい、これを買って欲しい」などの念《ねん》をお起《おこ》しにならないが好《よ》いのであります。念波《ねんぱ》というものは不思議《ふしぎ》な力《ちから》を持っているのであります。それでは、どういう念波《ねんぱ》を出すのが好《よ》いかというと人《ひと》から喜《よろこ》ばれるような念波《ねんぱ》を出す。「どうぞ、あの人の良《よ》くなるように」というような念波《ねんぱ》を常《つね》に送られているものは常に発達《はったつ》する。「あの人は憎《にく》らしい奴《やつ》だ。やっつけてやれ」という念波《ねんぱ》を諸方《しょほう》から送られると、その人がいくら努力《どりょく》しても運《うん》が悪くて衰微《すいび》して来《く》る事《こと》になります。祖先《そせん》の時代《じだい》にあまり非道《ひどう》なことをしていて、人から憎まれている場合《ばあい》には子孫《しそん》がその憎みの念《ねん》に縛られて不幸災難《ふこうさいなん》を受けることがあります。しかし、憎みの念《ねん》の災《わざわい》を避《さ》けるには愛の念波《ねんぱ》を起《おこ》せば好《よ》いのです。そうすると波長《はちょう》が合わぬ為《ため》に憎みの念波《ねんぱ》の災《わざわい》を受けぬのであります。吾々《われわれ》が祖先に対《たい》して『甘露《かんろ》の法雨《ほうう》』を

衰微 盛んだった物事が衰えてゆくこと

非道 人情にはずれること。常識では考えられないようなひどいこと

『甘露の法雨』 昭和五年に著者が霊感によって一気に書き上げた五〇五行に及ぶ長詩。『甘露の法雨』の読誦により、今日に至るまで無数の奇蹟が現出している。本全集第三十五・三十六巻「経典篇」参照

あげるとか、祖先《そせん》を礼拝《らいはい》して良《よ》き念波《ねんぱ》を送るのも祖先を栄《さか》えさせる為《ため》であります。これは念波《ねんぱ》によって祖先を良くする道《みち》であります。それは祖先の霊魂《れいこん》が霊界《れいかい》で苦しんでいるにせよ、或《あるい》は霊界にいないで、既《すで》に生《うま》れ更《かわ》って他《た》の人《にん》間《げん》となってこの世《よ》に出ている場合《ばあい》であるにせよ、その人《ひと》を目指《めざ》して「その人よ、良くなって下《くだ》さい」という善念《ぜんねん》を送りつつ『甘露《かんろ》の法雨《ほうう》』を読むとか、蔭膳《かげぜん》みたいに何《なに》かお供《そな》えしてあげるとか、ともかく、こちらから「あの人をよくして上《あ》げたい、生かして上げたい」という念波《ねんぱ》を送る事《こと》になりますと、その念波《ねんぱ》を受ける相手《あいて》の人はトントン拍子《びょうし》に都合《つごう》が好《よ》く幸福《こうふく》になるのであります。

蔭膳　家を長く離れている人の無事を祈って供える食膳

十、吾等《われら》の運命《うんめい》は心に在《あ》る

吾々《われわれ》の運命というものは、こういうふうに、どこからともなく、子孫《しそん》から

頭注版㉙一二五頁

でも他人《たにん》からでも送られて来る念波《ねんぱ》によって変化《へんか》するのであります。甲《こう》を思《おも》い浮《うか》べるのでも乙《おつ》を思《おも》い浮《うか》べるのでも、それはちらと頭を掠《かす》める思いであります。ほんのちょっとしたことが癇癪《かんしゃく》に触《さわ》って家庭《かてい》や会社《かいしゃ》を飛《と》び出《だ》す。いつもなら何《なん》でもないことが、或《あ》る時《とき》は到底耐《とうていた》えられなくなる。こういうちらと頭を掠《かす》める思いが人間《にんげん》の前途《ぜんと》の運命《うんめい》を左右《さゆう》するのであります。どういう時に、どういうふうに心が動いて来《く》るか、その神秘《しんぴ》を司《つかさど》るものは宇宙《うちゅう》を浮遊《ふゆう》している色々《いろいろ》の念波《ねんぱ》にあるのです。都合《つごう》の悪い人《ひと》は悪い念波《ねんぱ》ばかりを感受《かんじゅ》して、折角《せっかく》、そこにいれば出世《しゅっせ》するような所を飛出《とびだ》したり、発明《はつめい》にも資本《しほん》を出してくれそうな所へは因縁《いんねん》が結ばれないで、何《なん》となしにその人が行《ゆ》くと毛嫌《けぎら》いされてしまうような所へ、旅費《りょひ》を使って「資本《しほん》を出してくれないか」と申《もう》込《こ》んで、剣《けん》もホロロに断《ことわ》られ、そのため折角《せっかく》の発明《はつめい》も何《なん》にもならないというような事《こと》になります。このように吾々《われわれ》の運命を支配《しはい》するものは不思議《ふしぎ》なちょっとちらっと頭を掠《かす》める思いです。右するか左するか、滅亡《めつぼう》の道《みち》か、繁栄《はんえい》の

癇癪　少しのことで激しく怒り出すこと

浮遊　ふわふわと浮かびただようこと

感受　印象などを心に受けとめること

因縁　つながり。縁

剣もホロロ　他人からの頼み事や相談事に対して取り合わず、冷淡に拒絶すること。雉(きじ)の鳴き声が語源と言われる

道《みち》か、これはちらっと吾々《われわれ》の頭を掠《かす》めるほんの不思議《ふしぎ》な微妙《びみょう》な閃《ひらめ》きにありますので、この微妙なスイッチを司《つかさど》っているものは何《なん》であるかというと、この宇宙《うちゅう》の無数《むすう》のラジオのような精神波動《せいしんはどう》である。その中《なか》のどの波動《はどう》に感応《かんのう》するかということによって、良《よ》い波動を受けるか悪い波動を受けるかが定《さだ》まるのであります。吾々《われわれ》が良い波動を受けるにはどうしても吾々自身《われわれじしん》が良い波動を受けられる良き波長《はちょう》を出すラジオ装置《そうち》にならなければいけないのです。念《ねん》波《ぱ》の感応《かんのう》は波長の共鳴《きょうめい》によるのでありますから、自分《じぶん》が繁栄《はんえい》するには、人《ひと》をよくしてあげたいという深切《しんせつ》の良き念波《ねんぱ》を常《つね》に起《おこ》していなければならないのです。「あの人を生かして上げたい、この人を生かして上げたい、深切《しんせつ》をしてあげたい、喜《よろこ》ばしてあげたい」という念波《ねんぱ》を常に起《おこ》しますと、宇宙に色々《いろいろ》満《み》ちている「生かしてあげたい」という念波《ねんぱ》が又《また》自分に引っかかってくるのであります。そうして良い考《かんがえ》が浮《うか》んで自分の運命《うんめい》が自然《しぜん》と好転《こうてん》するのであります。まことに、善念《ぜんねん》は善念を招《よ》び、悪念《あくねん》は悪念を招《よ》ぶとは真理《しんり》でありま

感応　心が感じとりそれに反応すること

共鳴　静止している発音体が他の音波を受けて自然に鳴り出す現象

す。

十一、人格《じんかく》の雰囲気《ふんいき》を良《よ》くするには

頭注版㉙一二七頁

常《つね》に吾々《われわれ》が善《よ》き念波《ねんぱ》を起《おこ》すように致《いた》していますと、人格の雰囲気というものが善《よ》くなってまいります。人格の雰囲気というものは中々《なかなか》一日《にち》や二日《ふつか》で変《かわ》ってくるものではないのでありまして、それは長時間《ちょうじかん》の間《あいだ》自分《じぶん》の心に持続《じぞく》する精神波動《せいしんはどう》が人相《にんそう》に変化《へんか》を及《およ》ぼし、態度姿勢《たいどしせい》にまで変化を及ぼして、それから何《なん》となしに懐《なつか》しい、親《した》しみ易《やす》い、信頼《しんらい》しやすいというような空気《くうき》の出る人《ひと》もあれば、或《あ》る人の所に行《ゆ》くと、窮屈《きゅうくつ》で烟《けむ》たくて仕方《しかた》のないという人もある。或《あるい》はあの人の顔《かお》を見ると、気持《きもち》が悪くて虫酸《むしず》が走るような気がするというような人があるという工合《ぐあい》に、人それぞれに人格の雰囲気が異《ちが》うのでありますます。これはいくら紅《べに》をつけても、白粉《おしろい》をつけても、そんな表面《ひょうめん》の胡魔化《ごまか》

虫酸が走る 胸がむかむかするほど不快である

しではどうにもならないのでありまして、やはり常《つね》に持続《じぞく》している自分自身《じぶんじしん》の念《こころ》の波《なみ》が肉体《にくたい》に現《あらわ》れているという事《こと》になるのであります。その一例《れい》としましては、今《いま》は亡《な》くなりましたが岡田式静坐法《おかだしきせいざほう》の先生《せんせい》で、小林参三郎《こばやしさんざぶろう》という京都《きょうと》の東寺《とうじ》の境内《けいだい》にある済世病院《さいせいびょういん》の院長《いんちょう》をしておった人《ひと》の著書《ちょしょ》に『生命《せいめい》の神秘《しんぴ》』とか、『自然《しぜん》の名医《めいい》』とか題《だい》する本の初《はじ》めのところに書いてある話に、或《あ》る日《ひ》非常《ひじょう》に良《よ》い人相見《にんそうみ》が知合《しりあい》の役者《やくしゃ》に遇《あ》いましたら、とてもその知人《ちじん》が悪人《あくにん》の相《そう》をしておって、今に不幸《ふこう》な運命《うんめい》の危害《きがい》が加えられるというような人相《にんそう》が現《あらわ》れている。それを指摘《してき》していって上《あ》げようかと思ったけれども、それをいって上げたらその人が心配《しんぱい》するといけないからと思って、その時《とき》はいわないで別れてしまった。それから半月程《はんつきほど》して、同じ役者に同じ人相見《にんそうみ》が遇《あ》ったのであります。すると今度《こんど》はあべこべに非常に良い人相《にんそう》になって、如何《いか》にも天が祝福《しゅくふく》しているような人相をしているのだそうです。それから今ならいっても心配する事はなかろうと思って、「実《じつ》は、今君《きみ》の顔《かお》を見るとて

岡田式静坐法　岡田虎二郎が創始した静坐法。落ち着いて呼吸を整えて静かにすわる修養

小林参三郎　文久二～大正十五年。西洋医学の治療に精神療法や静坐法を取り入れた

『生命の神秘』　大正十一年、杜翁全集刊行会刊

『自然の名医』　大正十三年、春秋社刊。本全集第二十六巻「人生問答篇」中巻第五章参照

人相見　人相を見てその人の運命や吉凶などを判断すること。また、それを職業とする人。観相家

も輝《かがや》いて天が祝福《しゅくふく》しているような顔《かお》をしているが、この間《あいだ》、半月程前《はんつきほどまえ》に遇《あ》った時《とき》には実《じつ》に悪相《あくそう》をしておった。今《いま》にも君《きみ》の身《み》に危害《きがい》が加わるような人相《にんそう》をしておったが、どうしてこんなに変《かわ》ったのか」といったそうであります。そうすると、その役者《やくしゃ》がいうには「実《じつ》はあの時は原田甲斐《はらだかい》という悪役《あくやく》の芝居《しばい》をしておった。それでその芝居をやっている間中《あいだじゅう》原田甲斐《はらだかい》になりきってしまってそういう人相をしておったのでしょう。ところが今は大石内蔵之助《おおいしくらのすけ》をやっている」というのです。

それは無論《むろん》よく鑑定《かんてい》の出来《でき》る人相見《にんそうみ》だからこそ、はっきりその人相の微妙《びみょう》な変化《へんか》が分《わか》ったのでありましょうけれども、毎日《まいにち》いつまでも心にそういう原田甲斐《はらだかい》のような心を持てば人相見《にんそうみ》ならずとも普通《ふつう》の人《ひと》が見ても「あいつやはり悪人《あくにん》であるな」という事《こと》が判《わか》るほどに人相が具体的《ぐたいてき》に変《かわ》ってくるに違《ちが》いないのであります。ですから吾々《われわれ》は人相がよくなりたい、不幸《ふこう》を受けないような人相になりたいと思うと、忠義《ちゅうぎ》な深切《しんせつ》な大石内蔵之助《おおいしくらのすけ》のような良《よ》き念《ねん》を常《つね》

悪相　恐ろしい顔つき。また、性質や運勢の悪さが表れている人相

原田甲斐　元和五～寛文十一年。江戸時代初期の仙台藩奉行。家老職にあって対立する伊達安芸宗重を斬った伊達騒動（寛文事件）の中心人物として歌舞伎や浄瑠璃などに登場する

悪役　芝居や映画などの悪人の役。また、それを演ずる人

大石内蔵之助　赤穂藩浅野家の家老。元禄十四年、主君浅野内匠頭が吉良上野之介に切りつけて切腹したため、翌年同志四十六名と共に吉良邸に討ち入り、仇討ちをした

忠義　まごころを尽くして主君や国家に仕えること。また、そのさま

に思《おも》い浮《うか》べるようにして、良《よ》き雰囲気《ふんいき》を自分《じぶん》の全人《ぜんじん》から立騰《たちのぼ》らせるようにしなければならないのです。深切《しんせつ》は人《ひと》のためならず自分のためであります。深《しん》切《せつ》の念《ねん》を吾々《われわれ》が起《おこ》せば、宇宙《うちゅう》に充《み》ちている幸福《こうふく》の念波《ねんぱ》、生かしてやろう、育ててやろうという念波《ねんぱ》を受ける、そうして良き考《かんがえ》を自然《しぜん》に思《おも》い浮《うか》べることになり、自然と良き方に引摺《ひきず》られて行《ゆ》くのであります。それですから生長《せいちょう》の家《いえ》の説《と》く心の法則《ほうそく》によりますと、善人《ぜんにん》のみ栄《さか》えて悪人《あくにん》は栄えない事《こと》になるわけであります。世《よ》の中《なか》にはよく善人の癖《くせ》に不幸《ふこう》に陥《お》ちて悪人が栄えているじゃないか、生長の家のいう事は嘘《うそ》だと考える人があるかも知れませんけれども、決《けっ》してそうではないのであります。よく善人で周囲《しゅうい》と衝突《しょうとつ》したり、周囲に容《い》れられないで不幸になるような人の中《なか》には、こせこせして善《ぜん》に執《とら》われたり、頑固《がんこ》で剛情《ごうじょう》で、自分の考《かんがえ》ばかりを好《よ》いと思って、自分の「善の尺度《しゃくど》」で人を批判《ひはん》して悪口《あっこう》ばかりいっているような人がたくさんあるのでありります。そういうふうな善人は、どんなに善人みたいに見えても本当《ほんとう》の善

全人　人の全体。人のすべて

剛情　かたくなで意地っぱりなさま。強情

尺度　ものさし。物事を評価する基準

人ではないのであります。それはこの人《ひと》の心が非常《ひじょう》に狭《せま》くて他《た》の人を生かさない事《こと》を現《あらわ》しているのであります。ともかく、深切《しんせつ》ということは深く切《せつ》なる丁寧《ていねい》な思いであると共《とも》に広々《ひろびろ》とした思いであり、自分《じぶん》の尺度《しゃくど》に執着《しゅうじゃく》しないで相手《あいて》を生かす思いであることを知らねばなりません。

〔編者曰《へんしゃいわ》く〕これは昭和《しょうわ》十一年八月《がつ》二十九日《にち》、谷口先生《たにぐちせんせい》が比叡山《ひえいざん》の講習《こうしゅう》よりお帰りになって二日目《ふつかめ》に家庭光明寮《かていこうみょうりょう》で御講話《ごこうわ》になった聖典講義《せいてんこうぎ》の速記《そっき》である。

比叡山　京都市と滋賀県大津市にまたがる比叡山にある延暦寺の通称。平安時代初期に最澄が創建して日本天台宗を開いた

家庭光明寮　昭和十年、「家庭を光明化する婦人」を養成すべく、東京の赤坂にあった生長の家本部内に開設された「花嫁学校」。平成九年に山梨県河口湖町に移設され、平成二十三年に閉校となった

第十章　空想的人類愛《くうそうてきじんるいあい》より実際的人類愛《じっさいてきじんるいあい》へ

頭注版㉙一三一頁

(一)

頭注版㉙一三一頁

吾々《われわれ》の教《おしえ》では、道徳《どうとく》の一番根本《ばんこんぽん》が、「自分自身《じぶんじしん》に深切《しんせつ》にせよ」というところにあるのであります。今迄《いままで》の普通《ふつう》の道徳的《どうとくてき》教《おしえ》は「他《ひと》に深切《しんせつ》をせよ」というので始《はじ》まりましたが、生長《せいちょう》の家《いえ》の道徳《どうとく》の根本《こんぽん》は「先《ま》ず自分自身《じぶんじしん》に深切《しんせつ》であれ」という事《こと》から始まってくるのであります。自分《じぶん》が悪くても好《よ》いというのならば、その自分が何《なん》のために善事《ぜんじ》をなさねばならぬかという事になりますから、先《ま》ず「自分」というものが確立《かくりつ》しなければ一切《いっさい》の道徳は基礎《きそ》を失《うしな》うのであります。先《ま》ず自分に本当《ほんとう》に深切《しんせつ》であることの必要《ひつよう》がわかって、更《さら》に自分に深切《しんせつ》をするには、どうしても人《ひと》に深切《しんせつ》をするよりほかはないということが判《わか》ってくるのです。それではその自分というものは何《なん》で出来《でき》ているかと申《もう》しますと自分とは「心」であります。この「心」は一種《しゅ》の波即《なみすなわ》ち精神《せいしん》波動《はどう》を起《おこ》す本体《ほんたい》でありまして、いわば音楽《おんがく》の楽器《がっき》のようなものであります。「心」という楽器から常《つね》に吾々《われわれ》は生きている限《かぎ》り、精神波動を起《おこ》しているのであります。この精神波動を「念《ねん》」と申します。「念波《ねんぱ》」と申すこともあります。この念波《ねんぱ》をよきものにする、浄《きよ》らかなものにする、尊《とうと》きものにする、調和《ちょうわ》あるものにすることが、一番自分自身《ばんじぶんじしん》に深切《しんせつ》というわけであります。

（二）

御婦人《ごふじん》の方《かた》は人《ひと》に色々良《いろいろよ》い感《かん》じを与えたいと思う。そして衣裳《いしょう》を着飾《きかざ》ってみたり、上《うえ》から化粧《けしょう》をしてみたりする人がありますけれども、いくら化粧をしましても、良き衣裳を着飾りましても、自分自身《じぶんじしん》の全体《ぜんたい》から立騰《たちのぼ》る雰囲《ふんい》気《き》、或《あるい》はそこから波及《はきゅう》してくるところの精神的波《せいしんてきなみ》というものが、不完全《ふかんぜん》な、浄《きよ》らかでない不潔《ふけつ》な不快《ふかい》なものである限《かぎ》りに於《おい》て吾々《われわれ》は人に良き感じを与える事《こと》は出来《でき》ないのであります。ですから、吾々《われわれ》は自分自身の「心」をして先《ま》ず高貴《こうき》なる音楽《おんがく》を奏《かな》でる心たらしめなければなりません。外《そと》からの飾《かざ》りよりも、心の内《うち》から奏《かな》で出《い》ずる精神波動《せいしんはどう》の音楽がよき音楽になったとき、吾々《われわれ》は初《はじ》めて本当《ほんとう》に人に好感《こうかん》を与える事が出来るのであります。

これを楽器《がっき》で譬《たと》えてみますれば、ピアノの塗《ぬり》をいくらよくしてピカピカ光

頭注版㉙一三二頁

波及　波が移ってゆくように、だんだんと影響の及ぶ範囲がひろがってゆくこと

らしてみましても、下手《へた》に音楽《おんがく》を弾《ひ》いたら音楽家《おんがくか》から聞くと何《なん》にもならないのであります。それと同じくいくら外面《がいめん》を着飾《きかざ》ってみましても、心の波《なみ》が不《ふ》調和《ちょうわ》な時《とき》にはどうしても心の奏《かな》で出《い》ずる精神波動《せいしんはどう》の音楽が不快《ふかい》なものになりますから、人《ひと》から「あの人は快《こころよ》い人だ」とは受取《うけと》れないのであります。

快い人になるには先《ま》ず自分自身《じぶんじしん》が快い人にならねばならないのであります。自分自身から快い気《き》を放射《ほうしゃ》する。即《すなわ》ち不快な気持《きもち》を起《おこ》さないことが、自《じ》分《ぶん》から放散《ほうさん》する念《ねん》の波《なみ》を浄《きよ》めて、自分自身を他《ひと》から悪く思われないことにする秘訣《ひけつ》であります。

不快な気持《きもち》とはどんな気持《きもち》であるかと申《もう》しますと、嫌悪《けんお》の感《かん》じとか腹立《はらだ》たしい感じとか、悲しい感じとか、嫉妬《しっと》の感じとか、すべて自分自身が不快に感じられる感じであります。自分自身が不快な感じを起《おこ》していますと、その人に接《せっ》する人が「あの人は不快な人だ」と感じます。人から思われる感じは結局《けっきょく》自分自身が思っている感じであります。リップスはこの事《こと》を「感情《かんじょう》の

放散　広がって散ること

嫌悪　感情的にひどく嫌うこと。憎み嫌うこと

リップス　Theodor Lipps 一八五一～一九一四年。ドイツの哲学者、心理学者、美学者。人格主義、感情移入説を唱えた。本全集第三十二巻「自伝篇」中巻第六章参照

感情の移入　リップスが用いた語。他人や芸術作品または自然の物象に自己の感情を移し入れて、その感情を対象の人や物象が持っているかのように感じとる作用。感情移入

移入《いにゅう》」と申《もう》しました。黒住教祖《くろずみきょうそ》は「立《た》ち向《むか》う人《ひと》の心は鏡《かがみ》なり」と申しました。みんな自分《じぶん》のことなのです。人から快《こころよ》く思われるためには自分自身が快き人にならねばならないのです。それだのに皆《みな》さん、どうですか、一日《にち》の中《うち》に何回《なんかい》かは人に対《たい》して嫌悪《けんお》の感《かん》を抱《いだ》いたり人に対して腹《はら》を立てたり、眉《まゆ》をひそめたりするようなことはありませんか。そうする事《こと》に依《よ》って誰《たれ》を一番害《ばんがい》しているかといいますと、自分自身を一番害しているのであります。自分が腹を立て、人に対して嫌悪《けんお》の感を抱《いだ》き、人をそしり、人の悪を心に描《えが》き、眉をひそめた時《とき》に、誰《たれ》が一番害を受けているかというと、自分自身が一番害を受けているのであります。それだけ、自己《じこ》の心の波《なみ》が不完全《ふかんぜん》になり悪《あ》しき心の習慣傾向《しゅうかんけいこう》というものが増長《ぞうちょう》し、自分の心が汚《よご》れ、人からもまたよく思われないという事になるのであります。そうすると損《そん》を受けるのは誰《たれ》が損を受けたかというと、自分が損を受けたのであります。「あいつ嫌《きら》いだ」と思って眉《まゆ》をひそめた場合《ばあい》に、相手《あいて》が害を受けたかと申しますと、相手よりも自分

黒住教祖　黒住宗忠。安永九〜嘉永三年。備前・今村宮の神官の子。文化十一年に朝日を拝して天照大御神との合一、「天命直授」という神秘体験をして布教を始めた。著書に『御定書』などがある

そしる　けなす。悪口をいう

増長　しだいにはなはだしくなること

が害《がい》を受けたのであります。ですから先《ま》ず「自分自身《じぶんじしん》に深切《しんせつ》であれ」というのが生長《せいちょう》の家《いえ》の中心道徳《ちゅうしんどうとく》になるわけであって、自分自身でさえも愛する事《こと》が出来《でき》ないものが人《ひと》を愛する事が出来ましょうか。すべての道徳《どうとく》は先《ま》ず自分自身に出発《しゅっぱつ》するというのであります。

人は自分《じぶん》を本当《ほんとう》に愛する事が、そうして自分に深切《しんせつ》であるという事が、どんなに大切《たいせつ》な事であるかという事が本当《ほんとう》に分《わか》った時《とき》、初《はじ》めて他《ひと》に本当に深切《しんせつ》にして上《あ》げられるのであります。家《いえ》を愛するとか、国《くに》を愛するとかいいましても自己自身《じこじしん》を家又《いえまた》は国家《こっか》と分《わか》ち難《がた》く一体《いったい》であるとの感《かん》じがなければ、身《み》を捨《す》ててまで尽《つく》すということは出来ないのであります。そして又《また》自分自身を自《みずか》らどうすることが愛することだか分《わか》らないような事では、他《ひと》に深切《しんせつ》をしてやろうと思っても、自分が深切《しんせつ》のつもりでやっていることが果《はた》して害になるか益《えき》になっているか判《わか》らないのであります。そういうふうにすべての道徳の中《ちゅう》心《しん》は自分にあるのであります。

（三）

先刻《せんこく》も申《もう》しましたように吾々《われわれ》の心というものは一度《ど》思想《しそう》の波動《はどう》を起《おこ》しますと、習慣性《しゅうかんせい》を持っているものでありまして、その習慣《しゅうかん》が継続致《けいぞくいた》します時《とき》には人相《にんそう》までも変《かわ》ってしまうのであります。前章《ぜんしょう》にもちょっと述《の》べた話でありますが、或《あ》る名優《めいゆう》が原田甲斐《はらだかい》を演《えん》じておった時に、往来《おうらい》でその名優に遇《あ》うと人相が悪相《あくそう》に変《へん》じて今《いま》にも不幸《ふこう》がやってくるような人相をしておった。ところが大石内蔵之助《おおいしくらのすけ》をやっている時には、すっかりその悪相《あくそう》が消えてしまって忠義者《ちゅうぎもの》の温厚《おんこう》な人相があらわれていた。このように舞台《ぶたい》で或《あ》る時間《じかん》、その役割《やくわり》で念《ねん》じたことが舞台上《ぶたいじょう》だけでなしに平常《へいじょう》にまで継続しておったのであります。そういうふうに吾々《われわれ》の心は自分《じぶん》の肉体《にくたい》の上《うえ》にその念《ねん》を印象《いんしょう》するのであります。それが毎日《まいにち》ずっと続いて日《ひ》に何《なん》十回《かい》も人《ひと》に対《たい》して嫌悪《けんお》の感《かん》を抱《いだ》

印象する　物のかたちをはっきりと押ししるすこと

いたり、腹《はら》を立てたり、イライラしたりした時《とき》には、その精神的《せいしんてき》リズムがずっと習慣的《しゅうかんてき》に続いていて、自分《じぶん》の肉体《にくたい》にそういう形《かたち》を印象《いんしょう》して人相《にんそう》が悪くなるのであります。

例《たと》えばここに皆《みな》さんの前《まえ》に白い絹《きぬ》の反物《たんもの》があるとしますと、皆さんはそういう綺麗《きれい》な反物《たんもの》を汚《よご》しても好《よ》いという気持《きもち》は決《けっ》して起《おこ》らないでありましょう。ところがここに吾々《われわれ》の心の反物《たんもの》、汚《よご》れのない純白《じゅんぱく》な神から頂《いただ》いた心の反物《たんもの》がありましても、それを汚《よご》す事《こと》は平気《へいき》でやっている方《かた》が多いのであります。神様《かみさま》から頂いた自分の心という尊《とうと》い反物《たんもの》を皺《しわ》くちゃにしてみたり、手垢《てあか》を附《つ》けてみたり、丸《まる》めてみたりしながら、平気で当前《あたりまえ》でいるのは残念《ざんねん》なことであります。「あいつけしからん」と思うならば、その「けしからん」のはあいつであるから、「けしからぬその人《ひと》」の心が勝手《かって》に皺《しわ》が寄《よ》ったら好《よ》いのであります。そしてこちらが心に皺《しわ》をよせる必要《ひつよう》はちっともないのであります。ですから、私はこういう人に毎度《まいど》申《もう》すのであります。「自分というも

反物　和服用の織物

のを大切《たいせつ》にしなさい」と。自分《じぶん》の心を汚《よご》したり皺《しわ》をよせたりすると一番損《ばんそん》でありますす。又何《またなん》によらず一ぺん悪い癖《くせ》の皺《しわ》をよせると中々直《なかなかなお》り悪《にく》いのです。反物《たんもの》でも一ぺん皺《しわ》をよせると中々皺《なかなかしわ》を伸《の》ばしても元《もと》のようには直《なお》らない、人間《にんげん》の心の性質《せいしつ》でも、一ぺん皺《しわ》をよせて一定《いってい》の方向《ほうこう》に癖《くせ》をつけますと中々直《なかなかなお》り悪《にく》いのであります。

（四）

ですから皆《みな》さん、今日《きょう》から自分を大切に致《いた》しましょう。自分を大切に出来《でき》ないような事《こと》では道徳《どうとく》の中心《ちゅうしん》が狂《くる》っているのですから、常《つね》に吾々《われわれ》は省《かえり》みてこれは自分を大切にしているか、自分に深切《しんせつ》にしているかという事を考えてみる事が大切です。腹《はら》が立ったときは、「この憤《おこ》るのは自分に深切《しんせつ》であるか」と考えてみるだけでも憤《いか》りの心は治《おさ》まるものであります。そういうふうに吾々《われわれ》が日常生活《にちじょうせいかつ》に常《つね》に良《よ》い心の波《なみ》を起《おこ》すように努力《どりょく》を続けます時《とき》には、吾々《われわれ》の心には良い習慣《しゅうかん》——即《すなわ》ち良い皺《しわ》がついて来《き》ます。一定《いってい》の良いリズムが心について来ますとちょうど絞《しぼ》りの反物《たんもの》のように、また縮緬《ちりめん》のように今度《こんど》は悪い皺《しわ》がつきにくいのであります。それで縮緬《ちりめん》や絞《しぼ》り染《ぞめ》はちょっと位皺《くらいしわ》くちゃにしても直《す》ぐ元《もと》のように直《なお》ってしまうのであります。ところが何《なに》もまだ皺《しわ》のない反物《たんもの》は直《すぐ》に皺《しわ》がよる。そういう具合《ぐあい》に心にも良い方向《ほうこう》に習慣の皺《しわ》をよせてしまいますと、中々他《なかなかた》の悪い方向《ほうこう》に皺《しわ》がよらないのであります。人《ひと》から良く思われたい者《もの》は、この心の皺《しわ》を良い方面《ほうめん》に癖《くせ》をつけておくことが必《ひつ》要《よう》であります。

（五）

お互《たがい》に人と人と対《むか》い合《あ》った場合《ばあい》に、その人同士《ひとどうし》の心のリズムによって、心

絞り　絞り染めのこと。布地のところどころを糸で固く縛り、染料に浸して白い染め残しをつくる染色法

縮緬　表面に細かなしわのある絹織物。縦糸に撚(よ)りのない生糸、横糸に強く撚りをかけた生糸を用いて織る

頭注版㉙一三七頁

の音楽《おんがく》の奏《そう》し方《かた》によって、お互《たがい》に共鳴《きょうめい》する場合《ばあい》と共鳴せぬ場合とがあります。人《ひと》と人と相会《あいかい》した場合に、「どうもあの人は私好《す》かない。どうもあの人から受ける感《かん》じが悪い。あの人の側《そば》に行《ゆ》くとムシズが走る」などと感《かん》ずるのは、お互《たがい》にそれは全人格《ぜんじんかく》から放散《ほうさん》する心のリズムが調和《ちょうわ》していないからであります。

　西洋《せいよう》の或《あ》る人がダイシャニンという一《ひと》つの液《えき》を発明《はつめい》しまして、それを硝子《ガラス》に塗《ぬ》りまして、その硝子《ガラス》を透《とお》して人間《にんげん》を見る機械《きかい》がありますが、その硝子《ガラス》を透《とお》して見ますと、人間の肉体でなしに幽体《ゆうたい》（副体《ふくたい》）というものが見えるということであります。それは幽体そのものから発《はっ》する光線《こうせん》は見えないけれども、その光線が硝子《ガラス》の液に衝突《しょうとつ》して一種《しゅ》の蛍光《けいこう》のようなものを放《はな》つ、それが見えるのだそうであります。私はまだ視《み》た事《こと》はありませんけれども、その機械で覗《のぞ》いて見ると人間の幽体（アスツラル・ボディ）が見えまして、その幽体の色が感情《かんじょう》の変化《へんか》に従《したが》って、種々《しゅじゅ》の色彩《しきさい》を呈《てい》するというのであります。例《たと》え

幽体　人間は、物質界に直接触れる外側の肉体から順にエーテル体・幽体・霊体・本体という「体」で組織されている。幽体は煩悩の多い感情体

蛍光　物質に光を当てたとき、その物質から発する光。当てた光を取り除くとただちに発光が止まるものを言う

ば憤《いか》りの感《かん》じを持っていると、その人《ひと》の肉体《にくたい》の外《そと》に影《かげ》みたいな身体《からだ》があって、それが褐色《かっしょく》の色彩《しきさい》を呈《てい》している。恋愛《れんあい》の感情《かんじょう》を起《おこ》している場合《ばあい》には石《せき》竹色《ちくいろ》をしているとか色々《いろいろ》その原書《げんしょ》には書いてありましたが、そういうふうに、人が心に起《おこ》す感情に従《したが》ってその人の幽体《ゆうたい》の色彩が異《ちが》うのであります。これは何《なに》を語るかと申《もう》しますと心に従ってその人から放散《ほうさん》する雰囲気《ふんいき》がちがうということです。人と人と相対《あいたい》して話をしている場合にダイシャニンの硝子《ガラス》で覗《のぞ》いて見ますと、お互《たがい》に好感《こうかん》を持った人と人とが話している場合には影と影とが親《した》しく融合《ゆうごう》し合《あ》っているのですが、互《たがい》に憎《にく》み合《あ》っている相手《あいて》と相手が話をしている場合には、肉体と肉体とが仲良《なかよ》く話していても、その幽体の影みたいな姿《すがた》がお互《たがい》に相反撥《あいはんぱつ》して遠く離《はな》れているというのであります。石童丸《いしどうまる》の母親《ははおや》の故事《こじ》も思い出されて、成《な》る程《ほど》そういうこともあるに違《ちが》いないと思われるのであります。

ですから、表面《ひょうめん》で隠《かく》していても雰囲気は隠すことが出来《でき》ない。常《つね》に吾々《われわれ》

石竹色　石竹（からなでしこ）の花のような薄い紅色。ピンク

石童丸　浄瑠璃や歌舞伎などに登場する筑前の苅萱（かるかや）伝説中の人物。出家して苅萱道心となった父を高野山に訪ねるが、父は名乗らずに別れる。母に死別したのち再び高野山に登って苅萱の弟子となった

故事　昔から伝えられている事柄

はどんな人《ひと》とも調和《ちょうわ》するように大調和《だいちょうわ》の念波《ねんぱ》を起《おこ》していない限《かぎ》り、誰《たれ》からでも好《す》かれるというふうな人格《じんかく》にはなれないのであります。人から好《す》かれる人間《にんげん》になる為《ため》には吾々《われわれ》は絶対《ぜったい》に人を嫌悪《けんお》するような感《かん》じ、憎《にく》む感じ、怒《いか》る感じというものから離《はな》れる事《こと》が必要《ひつよう》であります。そういう感じを常《つね》に出しておりますと、吾々《われわれ》は憎まれている人から睨《にら》まれている場合《ばあい》を想像《そうぞう》しますとよく判《わか》るのですが、睨《にら》んでいる人の視線《しせん》の中《なか》には何《なん》となく不快《ふかい》な放射《ほうしゃ》がある——あれと同じものを自分《じぶん》が常《つね》に出しているという事になりまして、折角向《せっかくむこ》うから良《よ》い事を相談《そうだん》に来《き》てくれたり、自分の運命《うんめい》の拓《ひら》けるような相談に来てくれた場合にでも、その顔《かお》を見ると何《なん》となく嫌《いや》な感じが起《おこ》って助けてあげられなくなるのであります。ですから、自分を育ててくれる運命は自分から放射する心の波《なみ》の中《なか》にあるということになります。

（六）

人《ひと》の雰囲気《ふんいき》は又実《またじつ》に不思議《ふしぎ》な働《はたらき》をするのでありまして、或《あ》る人が病人《びょうにん》の病室《びょうしつ》に入《はい》って行《ゆ》くと、その人が行《ゆ》くだけで病気《びょうき》が治《なお》るという場合《ばあい》があります。生長《せいちょう》の家《いえ》の誌友《しゆう》の中《なか》には、既《すで》に光明《こうみょう》の雰囲気を放散《ほうさん》する人がたくさんありますから、そういうふうな体験《たいけん》を有《も》った方《かた》もたくさんありましょうが、そこは常《つね》に心に病気を描《えが》かず、病気の雰囲気をもっていない、病気というものは本来《ほんらい》ないという強い信念《しんねん》を常に抱《いだ》いているからであります。そういう人は光明の念波《ねんぱ》がその人の雰囲気に自然《しぜん》に漂《ただよ》うから、そういう人が入《はい》って行《ゆ》くと光明が入《はい》って来《き》たようにたちまち病室が明るくなって、それだけでも病気がよくなるのであります。吾々《われわれ》の全人格《ぜんじんかく》の雰囲気というものは常《つね》に最《もっと》も頻繁《ひんぱん》に吾々《われわれ》が心に把持《はじ》しているところの心の状態《じょうたい》をあらわしているのでありま

頭注版㉙一三九頁

把持　しっかりと持つこと

す。その雰囲気《ふんいき》が具象化《ぐしょうか》して人相《にんそう》がつくられます。だから大抵《たいてい》の人《ひと》は顔《かお》を見ると、これは学校《がっこう》の先生《せんせい》であるとか、これは商売人《しょうばいにん》であるとか、これは職人《しょくにん》であるとか、これは魚屋《さかなや》であるとかいう事《こと》が判《わか》るのであります。それは常《つね》に魚屋さんは魚屋さんの念波《ねんぱ》を起《おこ》し、商売人は商売人の念波《ねんぱ》を起《おこ》し、教育者《きょういくしゃ》は教育者の念波《ねんぱ》を起《おこ》しているからであります。教育者の中《なか》でも、小学校《しょうがっこう》の先生はちょっと見れば大抵《たいてい》小学校の先生だとわかる。大学《だいがく》の先生なら、どことなく大学の教授《きょうじゅ》らしく見える。そういうふうに同じく先生でも念波《ねんぱ》の起《おこ》し具合《ぐあい》によって人相が色々《いろいろ》に変《かわ》るのでありますから、常に立派《りっぱ》な人相になる心を起《おこ》すように心掛《こころが》けなければならないのであります。

（七）

ところで、心が浄《きよ》まってくるに従《したが》って吾々《われわれ》はどんな悪人《あくにん》でもそのまま受《う》け

頭注版㉙一四〇頁

容《い》れるような広々《ひろびろ》とした人格《じんかく》になれるかと申《もう》しますと、そうではない。上手《じょうず》な絵の先生《せんせい》が絵の欠点《けってん》が判《わか》るように、清浄《せいじょう》な雰囲気《ふんいき》を自分《じぶん》から出すような人《ひと》は却《かえ》って不浄《ふじょう》な雰囲気がはっきり判《わか》るのでありまして、それに対《たい》して非常《ひじょう》な不快《ふかい》な感《かん》じが起《おこ》るのであります。そこでこの清《きよ》き人格高き人格を持っている人は時《とき》とすると非常に人を嫌《きら》う、そして孤峭《こしょう》な人格というものが出来上《できあが》るのであります。例《たと》えばトルストイのような人は非常に大きい人類愛《じんるいあい》の観念《かんねん》を抱《いだ》いていたのでありますが、総《すべ》ての人類《じんるい》を愛せんと努力《どりょく》し、無抵抗主義《むていこうしゅぎ》を標榜《ひょうぼう》して、人類の父のようにいわれていた人でありながら、その家庭《かてい》では自分《じぶん》の奥《おく》さんと調和《ちょうわ》しないで挙句《あげく》の果《はて》に、八十何歳《なんさい》かでひとりとぼとぼ家出《いえで》をして漂泊《ひょうはく》し、或《あ》る一寒村《かんそん》の停車場《ていしゃじょう》で野垂死《のたれじに》をしたのであります。あれだけの高潔《こうけつ》な立派《りっぱ》な大人格者《だいじんかくしゃ》がどうして家庭ではあんなに不調和《ふちょうわ》であったかというと、これは彼《かれ》の奥さんから出てくる雰囲気がどうしてもトルストイ自身《じしん》の雰囲気と調和する事《こと》が出来《でき》なかったのであろうと考えられるのであります。こ

孤峭　性質がけわしく人と馴れ合わない性格のため、角が立ってしまい孤立していること。「風岸孤峭」の形で用いる

トルストイ Lev Nikolaevich Tolstoi 一八二八～一九一〇年。十九世紀ロシア文学を代表する小説家。代表作は『戦争と平和』『アンナ・カレーニナ』『復活』など

無抵抗主義　社会的な不正に対して、暴力を用いずに柔和と謙譲とによって相手を人道的に感化しようとする主義。非暴力的抵抗。ロシアのトルストイやインドのガンジーらが主張した

標榜　主義や主張を公然と唱えること

漂泊　あてもなくさまよい歩くこと。さすらうこと

高潔　けだかくてけがれのないこと

こが中々難《なかなかむつ》かしいところであります。トルストイはまだ人間《にんげん》の実相《じっそう》を見るという点《てん》まで進んでいなかったのであります。人間の表面《ひょうめん》の心のリズム、表面の雰囲気《ふんいき》、即《すなわ》ち皮相《ひそう》の、仮相《かそう》の心の波《なみ》が不快《ふかい》である場合《ばあい》には、どうしてもそれと共《とも》にいるに堪《た》えられなかったのであろうと思われるのであります。往々理想主義者《おうおうりそうしゅぎしゃ》なる人《ひと》にはそういうふうな傾向《けいこう》がありまして、口には人類愛《じんるいあい》を唱《とな》えながらも、自分《じぶん》の身辺《しんぺん》にいる自分のたった一人《ひとり》の奥《おく》さんすらも愛する事《こと》が出来《でき》ないのです。これは人間の仮相《かそう》を見て「実相」を見ることを知らず、表面の心の波《なみ》に「実相」を見る眼《め》を味《くら》まされるのであります。トルストイのいる時代《じだい》に「生長《せいちょう》の家《いえ》」が出現《しゅつげん》していたならば、彼《かれ》はどんなに喜《よろこ》んだだろうと思われるのであります。大抵《たいてい》の人はトルストイのように目の前の人を愛する事が出来ないで、空想《くうそう》で目をつぶって全人類《ぜんじんるい》を考える時《とき》には本当《ほんとう》に愛する気持《きもち》が起《おこ》って来《き》て、何《なん》とかして全人類を救《すく》わなければならぬと思いますが、目の前の細君《さいくん》を見ると腹《はら》が立ってどうも愛する気になれないという

皮相　うわべ

事《こと》が多いのです。どうしてこうなるかと申《もう》しますと、心の放散《ほうさん》する雰囲気《ふんいき》から反感《はんかん》が起《おこ》るのであります。更《さら》に大聖者《だいせいじゃ》になるとその雰囲気を飛《と》び超《こ》えて実《じっ》相《そう》を見て、どんな相手《あいて》でも、どんな良人《おっと》でも、どんな妻《つま》でも、その実相を愛することが出来《でき》るようになるのであります。それにはこの肉眼《にくがん》に映《えい》ずる五官《ごかん》に顕《あらわ》れた良人《おっと》や細君《さいくん》を見ないで、五官の目を閉《と》じて、「そんな悪いものはない」と否定《ひてい》してしまって、そうして実相の完全円満《かんぜんえんまん》な姿《すがた》を見て「みんな神の子である」と観《かん》じて相手《あいて》の実相のリズムを呼《よ》び起《おこ》すようにしなければならないのです。それは例《たと》えば音楽《おんがく》を教《おし》えるのと同じであります。立派《りっぱ》な音楽家《おんがくか》が幼稚《ようち》な下手《へた》な弟子《でし》に良《よ》き音楽を教える場合《ばあい》にはその下手《へた》さが分《わか》り過《す》ぎてとても堪《た》えがたい苦しみを覚えるでありましょう。しかし、音楽の教師《きょうし》は弟子から良き音楽を弾《ひ》くような実相を引出《ひきだ》す事が役目《やくめ》でありますから、その下手《へた》な弟子の悪いところを見ないようにして実相を見るようにする。悪いところを聴《き》かないで実相を聴き、賞《ほ》めてそれを引出《ひきだ》すようにするのです。すると自然《しぜん》

五官 外界の事物を感じ取る五つの感覚器官。目・耳・鼻・舌・皮膚

にその実相《じっそう》が引出《ひきだ》されて来《く》るのであります。天才教育法《てんさいきょういくほう》も、人格教育法《じんかくきょういくほう》も同じ事《こと》で、実相を見て実相を引出《ひきだ》すのであります。仮相《かそう》を見ていたならば、トルストイですらも争《あらそ》うほかに仕方《しかた》がなくなるのであります。トルストイは、観念的《かんねんてき》に人類《じんるい》を愛して、現実《げんじつ》の人間《にんげん》は奥《おく》様《さま》一人《ひとり》をすら愛することが出来《でき》なかったのであります。

（八）

聖書《せいしょ》の中《なか》に、近くの人《ひと》に深切《しんせつ》に出来ないでどうして目に見えない神様《かみさま》を愛する事が出来るかというキリストの言葉がありますが、それは生長《せいちょう》の家《いえ》では先《ま》ず自分《じぶん》に深切《しんせつ》であれ、その次に己《おのれ》の如《ごと》く隣人《ネーバー》に深切《しんせつ》であれ、というのであります。隣人《ネーバー》というのは近くの人ということであります。一番《ばん》近くの人は誰《たれ》であるかと申《もう》しますと、良人《おっと》であるとか、親《おや》であるとか、子供《こども》であると

頭注版㉙一四三頁

近くの人に…『新約聖書』「ヨハネの手紙一」第四章にある教えの言葉

ネーバー neighbor

か、妻《つま》であるとかいう人《ひと》であります。こういう近くの人を愛する事《こと》が出来《でき》なければ、人類愛《じんるいあい》といってもそれは嘘《うそ》である。トルストイみたいな愛はこれは空想的隣人愛《くうそうてきりんじんあい》で、本当《ほんとう》に隣人《ネーバー》は家族《かぞく》といえども憎《にく》んだのであります。ですから吾々《われわれ》は先《ま》ず自分《じぶん》を愛さなければならない。次に己《おのれ》の如《ごと》く隣人《ネーバー》を、隣人《ネーバー》の中《なか》で最《もっと》も近《ちか》しい家族を愛する事が出来なければならないのです。ですから生長《せいちょう》の家誌友《いえしゆう》は先《ま》ず自分が生長の家の人となって、次に自分の家庭《かてい》を生長の家にしてその次に又他《またた》に及《およ》ぼすという事にすると一番危《あぶ》なげがないのでありましす。それをあべこべにして家《うち》の良人《おっと》はどうも生長《せいちょう》の家人《いえじん》ではないから仕方《しかた》がないと軽蔑《けいべつ》して心で憎む人がありますが大変《たいへん》な心得違《こころえちがい》であります。憎みのリズムを放散《ほうさん》すると家庭が必《かなら》ず面白《おもしろ》くありません。すると、その奥《おく》さんは自分は生長の家であると心の中《なか》では威張《いば》っていられるかも知れませんけれども、心のリズムでは良人《おっと》を憎むような嫌悪《けんお》の念《ねん》を放散しているから決《けっ》してその人は生長《せいちょう》の家人《いえじん》ではないのであります。名簿《めいぼ》には『生長の家』誌友《しゆう》として登録《とうろく》してあってもそんな人《ひと》は本当《ほんとう》は生長《せいちょう》の家人《いえじん》ではないのであります。自分《じぶん》から良人《おっと》に対《たい》して軽蔑《けいべつ》や憎《にく》みや怒《いか》りやこういう悪念《あくねん》の雰囲気《ふんいき》を出す時《とき》にはもうその人は「生長《せいちょう》の家《いえ》」から墜落《ついらく》しているのだと思って、もう一度《ど》自《じ》覚《かく》しなければならぬのであります。だからこんなに良《よ》い教《おしえ》を知ったならば、人を軽蔑したり批判《ひはん》したりする為《ため》にこの教《おしえ》を使ってはなりません。人を軽蔑し、批判するためにこの教《おしえ》を使った時にはその人は頭脳《ずのう》で知的《ちてき》に如何《いか》に「生長の家」をよく知っていても既《すで》にその人は生長の家ではなくなったのであります。このことを克《よ》く知った上《うえ》で、出来《でき》るだけ自分自身《じぶんじしん》を大切《たいせつ》にし、出来るだけ自分自身を整《ととの》え、出来るだけ自分から生長の家の雰囲気を出すように吾々《われわれ》は心掛《こころが》けたい、また心掛けているのであります。そのためには、「七《なな》つの燈台《とうだい》の点燈者《てんとうしゃ》の神示《しんじ》」にある「和《わ》」の心、みずからの生活《せいかつ》をととのえる「斉《せい》」の心、人に深切《しんせつ》をする「厚《こう》」の心、常《つね》に人の実相《じっそう》を見てそれを尊敬《そんけい》する「恭《きょう》」の心を起《おこ》すようにしなければならないのであります。和《わ》・斉《せい》・厚《こう》・

「七つの燈台の点燈者の神示」　ここでは昭和六年九月二十七日に著者に天降った「大調和の神示」を指す。「神示」は著者がから受けた三十三の啓示。発表当初は各神示に名称が付されず、「七つの燈台の点燈者の神示」と総称された

恭《きょう》の四徳《とく》は婦徳《ふとく》のうちでも最《もっと》も大《だい》なるものでありますから、これを中心《ちゅうしん》に吾々《われわれ》の心を磨《みが》いて行《ゆ》かなければなりません。

婦徳 女性の守るべき道。婦道

第十一章　レビューの精神分析《せいしんぶんせき》

頭注版㉙一四六頁

レビュー　revue　フランス語。ダンスや音楽などを組み合わせた華やかな演劇。昭和十年前後には主に松竹と宝塚の少女歌劇による公演が盛んに催された

神仏《しんぶつ》の種々《いろいろ》の観方《みかた》

頭注版㉙一四六頁

人間《にんげん》は神の子であると申《もう》しますが、神とは一体《いったい》どういうものであるかという事《こと》が判《わか》らないで神の子といいましても、何者《なにもの》の子であるか判《わか》らないのであ

ります。名前《なまえ》だけ「カミ」と附《つ》けてありましても、或《あるい》は丸《まる》いものであるか、三角のものであるか、四角のものであるか、こういう薄《うす》っぺらな「紙」であるか判《わか》らなければ、神の子とは何《なん》であるかが判《わか》らないという事《こと》になるのです。だから「神」とは何《なん》ぞやということが判《わか》らないで神の子といったところが、それは唯《ただ》名前をつけただけで、もし神というものがこういう薄いペラペラの紙でありましたら、吾々《われわれ》が「神の子」だったら紙屑《かみくず》として紙屑籠《かみくずかご》に投げ入れられねばならないでしょう。ですから吾々《われわれ》は単《たん》に「神の子」だということが判《わか》るだけでは何《なん》にもならない。その神というものの本体《ほんたい》はどんなものであるかという事によって、「神の子」の値打《ねうち》に等差《とうさ》が出来《でき》て来《く》るのであります。今迄何《いままでなに》か宗教《しゅうきょう》を信じておられる方《かた》はすべて何等《なんら》かの形《かたち》に於《おい》て「神」なるものを心に描《えが》き、心に想像《そうぞう》して、礼拝《らいはい》しておられたのであります。真宗《しんしゅう》では「神」とは申《もう》しませんけれども、阿弥陀仏《あみだぶつ》という仏《ほとけ》を礼拝《らいはい》するのでありますが、真宗の人《ひと》にも阿弥陀仏《あみだぶつ》を如何《いか》に考えて礼拝《らいはい》しているかと申します

等差　ちがい。等級
真宗　浄土真宗。鎌倉時代初期に法然の弟子親鸞によって立てられた浄土教の一派。阿弥陀仏による救済、他力本願を信じて成仏することを宗旨とする
阿弥陀仏　一切の衆生を救うために四十八願を立てて修行し、仏となった。浄土宗・浄土真宗の本尊。阿弥陀如来ともいう

と、それは単《たん》に真宗《しんしゅう》の門徒《もんと》だという名前《なまえ》によるのではないのであります。各々《おのおの》の信者《しんじゃ》ひとりびとりの信仰《しんこう》の程度《ていど》に随《したが》って随分本尊《ずいぶんほんぞん》の阿弥陀仏《あみだぶつ》を色々《いろいろ》に考えていられるのであります。一口《ひとくち》に阿弥陀仏《あみだぶつ》と申《もう》しましても尽十方無礙光《じんじっぽうむげこう》如来《にょらい》として天地宇宙《てんちうちゅう》に満《み》ちている無礙光《むげこう》である、遮《さえぎ》られるところのない光《ひかり》であるというふうに考えている人《ひと》もあるかと思うと、臨終《りんじゅう》の一念《いちねん》によって十万億土《まんおくど》の彼方《かなた》にある安養浄土《あんようじょうど》極楽世界《ごくらくせかい》に伴《つ》れて行《い》って下《くだ》さるところの不《ふ》可思議《かしぎ》な神通力《じんつうりき》を持った人格的《じんかくてき》な仏《ほとけ》さんだというふうに信じている人もあるのであります。そうかと思うと、現世《げんせ》に生きていて御飯《ごはん》が頂《いただ》けるのも阿弥陀《あみだ》様《さま》のお蔭《かげ》だと考えていられるような信者《しんじゃ》もあります。或《あるい》は神とか仏《ほとけ》とかいうと、拝《おが》み倒《たお》しさえすれば、どんな悪いことを片手《かたて》でやっていても、御利益《ごりやく》を下《くだ》さる調法《ちょうほう》なものであると考えている人もあります。

或《あるい》はまた、神さまはお宮《みや》の中《なか》に、仏様《ほとけさま》はお寺の中《なか》にいつも鎮《しず》まりますと考えている人もあります。中《なか》には石ころを神様《かみさま》と考えている人もあり、或《あるい》は

門徒　同じ宗門に属する信者。特に浄土真宗の信者を指す

尽十方無礙光如来　あらゆる方角に妨げられることなく光を照らす阿弥陀如来

臨終の一念　臨終の時、最後に一遍「南無阿弥陀仏」と唱える念仏のこと

安養浄土　極楽浄土のこと

神通力　何事でもなしうる霊妙な力

御利益　神仏が与える恩恵

調法　便利で都合がよいさま。重宝

御幣《ごへい》を神様《かみさま》であると考えて、神様そのものと「御神体《ごしんたい》」という礼拝《らいはい》の時《とき》の対《たい》象《しょう》になるアンテナとを混同《こんどう》してしまっている人《ひと》もあります。或《あるい》は「狐《きつね》」を神様だと思って狐《きつね》の像《ぞう》を拵《こしら》えて拝《おが》んでいる人もあるし、「蛇《へび》」を神様だと思って白い蛇の像を拵《こしら》えて拝んでいる人もあります。神様といい、仏様《ほとけさま》だといいましても人々《ひとびと》の信仰《しんこう》は千差万別《せんさばんべつ》でありまして、そういう蛇を神様と思って拝んでいる人に対《たい》して「人間《にんげん》は神の子である」と申《もう》しましたら、それは「人間は蛇の子である」といっている事《こと》になります。またそういう蛇を神様だと信じている人に「この世界《せかい》は神の創造《そうぞう》だ」と申しますと、「この世界は蛇の創造だ」といっていることになり、神を信ずるということは一向有難《いっこうありがた》い事ではなくなるのであります。

御幣　神前に供えたり、神主が祓いの時に用いたりする白色または金、銀、五色の紙を段々に切り、竹や木の幣串（へいぐし）にはさんだもの

生長《せいちょう》の家《いえ》の「神」の考《かんが》え方《かた》

このように、人間《にんげん》は神の子であると申《もう》しましても、その神という言葉の内《ない》容《よう》如何《いかん》によっては有難《ありがた》くもあれば有難《ありがた》くもないわけであります。それでは生長《せいちょう》の家《いえ》ではどういうものを「神」というのであるかといいますと、「神」とは円満完全《えんまんかんぜん》、光明無限《こうみょうむげん》、生命無限《せいめいむげん》、智慧無限《ちえむげん》、愛無限《あいむげん》、調和無限《ちょうわむげん》、供給《きょうきゅう》無限《むげん》、自由無限《じゆうむげん》、一切幸福《いっさいこうふく》の源泉《げんせん》である、これが「神」であると申すのであります。まだまだ詳《くわ》しくいえば神様《かみさま》の御徳《おんとく》は言葉で数えることが出来《でき》ぬほどたくさんあるのでありますが、人間に関係《かんけい》のある神様の代表的御徳《だいひょうてきおんとく》を挙《あ》げさせて頂《いただ》けば、まあ、これ位《くらい》のものであります。

このように、私の考えでは「神」さまは一切幸福の源泉であり、完全円満、光明無限、生命無限、智慧無限、愛無限、調和無限、供給無限、自由無限であるのでありますが、一言《ごん》にしていえば、完全円満とか、円満具足《えんまんぐそく》とか申して、それで包容《ほうよう》し得《う》るわけであります。

円満具足　すべてのものが備わって、少しの不足もないこと

包容　包みいれる。寛大に受け容れる

光明無限《こうみょうむげん》の意味《いみ》

光明無限と申《もう》しましても、必ずしも目に見える物質的光線《ぶっしつてきこうせん》が無限《むげん》だというわけではないのであります。これはむしろ智慧《ちえ》の光《ひかり》であると考える方《ほう》が適当《てきとう》であります。それは単《たん》なる物質的光《ぶっしつてきひかり》ではないから、闇夜《やみよ》にも神の光は照《てら》していられるのであります。総《すべ》て悩《なや》みの暗黒《あんこく》さを消すところの無限の光を無量《むりょう》光《こう》とか無礙光《むげこう》とか申すのであります。神の光を単《たん》にエーテル波動《はどう》なる物質的光であるというような考《かんが》え違《ちが》いをするから、夜には神様《かみさま》の光が照《てら》さないなどという間違《まちがい》をするのであります。神仏《しんぶつ》を光であるという考《かんが》え方《かた》は仏教《ぶっきょう》には昔《むかし》からあるのでありまして、阿弥陀仏《あみだぶつ》は無礙光如来《むげこうにょらい》であるというようにいわれているのは、仏様《ほとけさま》は煩悩《ぼんのう》の暗《やみ》を照破《しょうは》する智慧《ちえ》の光であると信ぜられているからであります。

頭注版㉙一四九頁

無量光　無限の光

無礙光　何物にもさえぎられない光

エーテル波動　ここでは電波や電磁波等の波動を総称して使われている。本全集第二巻「実相篇」第一章「近代科学の空即是色的展開」参照

仏教　紀元前五世紀頃、釈迦がインドで説いた教え。日本には六世紀中期に伝来した

煩悩　仏教語。心身を悩ませ苦しめる一切の妄念や欲望

照破　闇を照らし出すこと

生命無限《せいめいむげん》の意味《いみ》

次に神さまの特質《とくしつ》「生命無限《せいめいむげん》」という方面《ほうめん》からいいますと、仏教《ぶっきょう》の方でも無量寿如来《むりょうじゅにょらい》と申《もう》しまして、仏様《ほとけさま》は寿命《じゅみょう》が無量《むりょう》である、命《いのち》が無限《むげん》であると讃《たた》えられているのであります。『法華経《ほけきょう》』にも「自分は百千万億《まんのく》阿僧祇劫《あそうぎこう》以《い》前《ぜん》から悟《さとり》を開《ひら》いている仏《ほとけ》である」というようにお釈迦《しゃか》さん自《みずか》らがいっておられて、これも生命無限《せいめいむげん》という事《こと》をいっていられるのであります。これをキリスト教《きょう》で申しますと、キリストは「我《わ》れはアブラハムの生《うま》れぬ前《さき》から、天地《てんち》創造以前《そうぞういぜん》からあるものだ」と「ヨハネ伝《でん》」にいっているのであります。これは生命無限《せいめいむげん》を表《あらわ》したものであります。

頭注版㉙一四九頁

『法華経』　『妙法蓮華経』の略称。大乗仏教の代表的な経典

百千万億阿僧祇劫　数えることができないとても長い時間

お釈迦さん　釈迦牟尼。紀元前四六三～前三八三年頃。仏教の始祖。現在のネパールに位置したカピラバストゥ城で生まれた。釈迦族の王子だったが、二十九歳で出家。苦行の末三十五歳で悟りを開いた

キリスト教　ユダヤ教を母体としてパレスチナに興る。唯一絶対の神を奉じ、現在に至るまで欧米文化の基盤をなしている。イエス・キリストが始祖

「我れはアブラハムの…」　『新約聖書』「ヨハネ伝」第八章にあるキリストの言葉。「アブラハム」はイスラエル民族の伝説上の祖

愛無限《あいむげん》の言葉

仏教《ぶっきょう》では、「愛」という言葉を大抵執著《たいていしゅうじゃく》のような意味《いみ》に使うのでありましてあまり良《よ》い方面《ほうめん》には使わないのであります。けれども『涅槃経《ねはんぎょう》』には「法愛《ほうあい》」という言葉がございまして、この「法《ほう》」という字を「愛」の上《うえ》につけて、それが真理《しんり》の愛であることを表現《ひょうげん》しているのであります。『大毘《だいび》婆沙論《ばしゃろん》』第《だい》二十九には「愛に二種《しゅ》あり、一に染汚愛《せんなあい》はいわゆる貪《とん》なり。二に不染汚愛《ふせんなあい》はいわゆる信なり、愛にして貪《とん》ならざるは即《すなわ》ちこれ信なり」と書いてあります。即《すなわ》ち貪《むさぼ》らない、私心《わたくしごころ》のない愛が法愛《ほうあい》でありまして、キリスト教《きょう》に於《お》ける「神は愛なり」と同じ意味の愛に使っておりますが、普通仏教《ふつうぶっきょう》で「愛」といいます場合《ばあい》には、愛著《あいじゃく》即《すなわ》ち執著《しゅうじゃく》の方《ほう》の愛で、迷《まよ》いに属《ぞく》するものとして悪い意味に扱《あつか》われているのであります。法愛《ほうあい》は別《べつ》の言葉でいえば大《だい》

天地創造　『旧約聖書』の「創世記」に描かれた、神の世界創造物語。本全集第十九巻「万教帰一篇」上巻第一章参照

「ヨハネ伝」　『新約聖書』四福音書の一書。使徒ヨハネの作とされる

頭注版㉙一五〇頁

『涅槃経』　『大般涅槃経』の略。釈尊の亡くなる直前の説法を記した経典

『大毘婆沙論』　小乗仏教の論書。唐の玄奘訳。二〇〇巻。小乗の教理の集大成ともいうべき書

染汚愛　仏教語。煩悩によってけがれた愛

貪　仏教語。貪欲。三毒、十悪の一つ。むさぼること。ほしがること

慈悲心《じひしん》というべきであります。大慈大悲《だいじだいひ》の観世音菩薩《かんぜおんぼさつ》という言葉がありますが、その大慈悲心《だいじひしん》が法愛《ほうあい》でありまして、仏教では仏様《ほとけさま》の慈悲《じひ》は無限《むげん》であると考えられているのであります。キリスト教《きょう》では慈悲《じひ》とはいわないが、愛と申《もう》すのでありますが、神様仏様《かみさまほとけさま》に関《かん》する限《かぎ》り同じ意味《いみ》であると見て差支《さしつかえ》がないのであります。

さて、それでは愛とは何《なん》であるかと申しますと、自《じ》と他《た》と本来一体《ほんらいいったい》であるという事《こと》の再認識《さいにんしき》であります。吾々《われわれ》は「自」と、「他」と、「我《われ》」と「彼《かれ》」と相分《あいわか》れているように見えますけれども、本来一体なのであります。本来一体であることの再認識が「愛」なのであります。『生命《せいめい》の實相《じっそう》』の巻頭《かんとう》に「汝《なんじ》ら天地一切《てんちいっさい》のものと和解《わかい》せよ」と書いてあります。あの「和解」が愛であります。愛とは「和解する」即《すなわ》ち互《たがい》に手を繋《つな》ぐ事であります。自他《じた》は本来一体でありますから、分《わか》れたように見えても本《もと》の姿《すがた》になったならば、自然《しぜん》手を繋《つな》ぎ合《あ》うという事になるのです。時《とき》には或《あるい》は敵味方《てきみかた》と分《わか》れ、時には或《あるい》は競争《きょうそう》

大慈大悲の観世音菩薩　「大慈」は一切衆生の苦を取り除き、楽を与える広大無辺な慈悲。「観世音菩薩」は最もひろく崇拝されている菩薩。「南無大慈大悲観世音菩薩」と唱名する

「汝ら天地一切のものと…」　本書五一頁の「七つの燈台の点燈者の神示」の一つである「大調和の神示」の冒頭の言葉

者《しゃ》と分《わか》れ、他人《たにん》と分《わか》れ、異性《いせい》と分《わか》れ、動物《どうぶつ》と人間《にんげん》と相分《あいわか》れたようになっておりますけれども、すべての生きとし生けるものは本来一《ほんらいひと》つのものであると、その実相《ほんとうのすがた》を悟《さと》って手を繋《つな》ぐ事《こと》が愛であります。

生長《せいちょう》の家《いえ》はこの「本来一つ」という事を本当《ほんとう》に知らせ、有《あら》ゆる宗教《しゅうきょう》、凡《あら》ゆる人種《じんしゅ》の手を繋《つな》がせて、世界《せかい》に大調和《だいちょうわ》を来《きた》させる働《はたらき》をするのが吾々《われわれ》の宗教でありまして、「生長の家」と称《しょう》する一個《こ》の団体《だんたい》が大きくなる為《ため》の運動《うんどう》ではないのであります。

調和無限《ちょうわむげん》の意味《いみ》

そういうふうに総《すべ》てのものが始《はじ》めから一つのものであるという事が分《わか》りますと、そこに調和無限という事が出てくるのであります。だいたい不調和《ふちょうわ》という事はどこから起《おこ》るかと申《もう》しますと、各自《かくじ》が離《はな》れ離《ばな》れになっていて総《すべ》ての

頭注版㉙一五二頁

ものが本来一《ほんらいひと》つのものであるという実相《じっそう》を忘れているから起《おこ》ってくるのであります。

すべて生かすものは調和《ちょうわ》であります。調和のないところに生命《せいめい》はないのであります。活花《いけばな》を活《い》けましても天地人《てんちじん》とこう三位《さんみ》に枝《えだ》の配置《はいち》が分《わか》れているようですけれども、それが一つの智慧《ちえ》に依《よ》って互《たがい》にぬきさしならぬように統一《とういっ》せられ繋《つな》がっている。一人《ひとり》の作者《さくしゃ》の命《いのち》に依《よ》って、バラバラの枝振《えだぶり》がぬきさしならぬように統一され繋《つな》がっている。そこに天地人《てんちじん》と分《わか》れながらも美しさがある所以《ゆえん》であります。天地人《てんちじん》と分《わか》れてそれがバラバラに分《わか》れたままであるならば、吾々《われわれ》はそこに美《び》を感《かん》ずる事《こと》が出来《でき》ないのであります。美《び》とは要《よう》するにそこに生命《せいめい》が顕《あらわ》れていることであり、調和があるという事であります。調和の中《なか》に生命《せいめい》があり、美《び》があるので、不調和《ふちょうわ》であれば生命《せいめい》はなく美《び》はないのであります。ですから総《すべ》てが一つであるという事が「美《び》」の根元《こんげん》なのであります。美《び》とは必《かなら》ずしも色《いろ》が赤とか、緑であるとか、黄色であるとか、派手《はで》なと

天地人　生け花の花型で主要な役割をする枝。役枝（やくえだ）

か、視覚《しかく》を異常《いじょう》に刺戟《しげき》するとかいうことではないのであります。調和《ちょうわ》している事《こと》が美《び》であって、調和しなければ、どんなにあでやかな色彩《しきさい》の刺戟《しげき》でも美しく感《かん》ぜられないのであります。

美《び》は色彩そのものにない

或時《あるとき》、南洋《なんよう》のスラバヤでかつて副領事《ふくりょうじ》をしていられた方《かた》の奥《おく》さんが来て話されましたが、常夏《とこなつ》南洋の風光《ふうこう》は実《じつ》に色彩が濃厚絢爛《のうこうけんらん》な派手《はで》な相《すがた》をしているのです。空の蒼《あお》でも、花の赤でも、樹木《じゅもく》の緑でも、とても内地《ないち》では見られない、心乱《みだ》れるばかりの色彩が充《み》ちている。その世界《せかい》では裸体《らたい》の色彩の濃厚な土人《どじん》の身体《からだ》が却《かえ》って美しく感《かん》じられる。そういう世界に住んでいると日本《にっぽん》人《じん》のようにけばけばしくない地味《じみ》な服装《ふくそう》をしていると、ちっとも似《に》つかない。ですから、あちらに住んでいるとどうしても服装が派手《はで》になる。けばけ

あでやか　華やかでつやっぽく美しいさま

頭注版㉙一五三頁

スラバヤ　Surabaya インドネシアのジャワ島北東部、カリマス川河口にある港湾都市。首都ジャカルタに次ぐインドネシア第二の都市

領事　領事官。外国に駐在して自国の通商促進や自国民の保護、その他の証明事務などにあたる官吏

常夏　一年中が夏のような気候であること

絢爛　きらびやかで美しいさま

内地　大東亜戦争終結までは日本列島を内地、それ以外の台湾、朝鮮などの日本領土を外地と呼んでいた

土人　その土地で生まれ育った人。特に、未開地域の原始的な生活をしている土着の人

ばしい服装《ふくそう》をしなければ美《び》に感《かん》じられないので、いつの間《ま》にか派手好《はでごの》みになって内地《ないち》へ帰って来たときには余程《よほど》気をつけて地味《じみ》な色彩《しきさい》を選ぶようにしなければ周囲《しゅうい》と調和《ちょうわ》しない、という話をせられましたが、それは要《よう》するに、美《び》とは調和という事《こと》から出てくる証拠《しょうこ》であります。

まことに美《び》とは調和のあることであり、調和さえあれば、それ自身《じしん》では醜《みにく》いような茶褐色《ちゃかっしょく》でも美しいのであります。例《たと》えば藁葺《わらぶき》の田舎家《いなかや》——近頃《ちかごろ》は藁葺《わらぶき》の家《いえ》も少《すく》ないのでありますが——あの藁葺《わらぶき》の腐《くさ》れかかったような小屋《こや》、あれはそれ自身は非常《ひじょう》に汚《きた》ない、むさ苦しい存在《そんざい》でありますけれども、あれが全体《ぜんたい》の景色《けしき》の中《なか》にぽつぽつ点在《てんざい》しているのを、こっちで眺《なが》めると、そこに無《む》限《げん》の調和というものが見出《みいだ》されて、「ああ美しい景色《けしき》だ」と讃嘆《さんたん》されるのであります。又《また》こういうふうに冬枯《ふゆがれ》の落葉《おちば》が淋《さび》れた土の上《うえ》に堆《うずたか》く積《つも》っている——それ自身観《じしんみ》ますればヤクザな美しくない落葉《おちば》でありますけれども、これも静かに眺《なが》めます時《とき》には、それは他《た》の周囲の情景《じょうけい》と調和して「林間《りんかん》に紅葉《こうよう》

点在　あちこちに散らばって存在すること

ヤクザな　役に立たないこと。つまらないこと。粗末なこと

「林間に紅葉を…」　白居易の詩「送王十八帰山寄題仙遊寺」にある詩句。秋の風情を楽しむさま

を焚《た》いて酒を温《あたた》む」というような本当《ほんとう》に美しい調和《ちょうわ》の美《び》を見出《みいだ》す事《こと》が出来《でき》るのであります。美しいという事は別《べつ》に色《いろ》が派手《はで》であるとか、けばけばしいとか、色そのものが美しいというのではないのであります。赤い色が美しいといっても無暗《むやみ》に唇《くちびる》を真赤《まっか》にされたのでは本当の美《び》は感《かん》じられないのであります。あれは外国《がいこく》では娼婦《しょうふ》の化粧法《けしょうほう》でありまして、公娼《こうしょう》のない外国ではどれが娼婦か区別《くべつ》が出来ぬので、普通《ふつう》の女でないことを形《かたち》にあらわして嫖客《ひょうきゃく》を引いているのであります。いずれにせよ全体《ぜんたい》が調和しないところに本当の美しさというものはないのであります。

娼婦　金銭で身を売る女性。売春婦
公娼　公認されて営業する売春婦。日本では昭和二十一年に廃止された
嫖客　遊女などを相手に遊興する男性。「飄客」とも書く

私の青年時代《せいねんじだい》の思《おも》い出《で》

頭注版㉙一五五頁

私も青年時代には美しいものが好《す》きでありました。皆《みな》さんもきっと美しいものがお好きに違《ちが》いありませんが、私は少年時代《しょうねんじだい》からいつも美しく生きる

という事《こと》を考え、それを生活《せいかつ》に実行《じっこう》してみようとしたのであります。何《なん》でも全《すべ》てが美しくないと生《い》き甲斐《がい》が感《かん》じられなかったのです。その当時《とうじ》には私は外国《がいこく》の耽美主義《たんびしゅぎ》の本を読んだり、快楽主義《かいらくしゅぎ》の本を読んだりしまして、美しく生きるという事は五色《ごしき》の酒を飲むことだと考えたこともあります。美しく生きるというのは美しい着物《きもの》を着る事だと考えた事もありました。私の少年《しょうねん》時代《じだい》はまだ舞台照明《ぶたいしょうめい》などの発達《はったつ》していない時代《じだい》でありましたが、私は自分《じぶん》の下宿《げしゅく》の電燈《でんとう》に色々《いろいろ》の色彩《しきさい》の紙や風呂敷《ふろしき》を蔽《おお》って部屋全体《へやぜんたい》を桃色《ももいろ》にしてみたり、緑色《みどりいろ》にしたりして部屋の雰囲気《ふんいき》の色彩化《しきさいか》を企《くわだ》てたこともありました。またあるときは文学中毒《ぶんがくちゅうどく》に罹《かか》って、近松《ちかまつ》の戯曲《ぎきょく》にあるような美しい物語《ものがたり》を実際《じっさい》の人生《じんせい》につくり出して美しくその人生の中《なか》で芝居《しばい》をすることが、「美しい生活」であると考えたこともありました。そして、それを勇敢《ゆうかん》に周囲《しゅうい》に反《はん》抗《こう》しながら実行《じっこう》しようとしたのが私でありました。人生を舞台《ぶたい》として、その舞台の中《なか》で怪奇《かいき》な物語を実演《じつえん》することが「美しい生活」だと思っていたので

耽美主義　美を唯一最高の価値とし、その実現を目的とする立場

快楽主義　快楽を唯一の善または人生の目的とする立場

五色の酒　カクテルの一種。比重の異なる桃色、緑、赤、黄、白などの五色のリキュールを一つのコップに入れ、五色の層を造った酒

近松　承応二～享保九年。江戸時代中期の浄瑠璃・歌舞伎作者の近松門左衛門。竹本義太夫のために浄瑠璃を書いて義太夫節の確立に協力し、坂田藤十郎のために脚本を書いて上方歌舞伎の全盛を招いた。主な作品は『曽根崎心中』『冥途の飛脚』『国性爺合戦』『心中天の網島』『女殺油地獄』など

怪奇　あやしく不思議なこと。また、そのさま

す。私はそれを人生《じんせい》の装飾欲望《そうしょくよくぼう》とその当時《とうじ》名付《なづ》けていました。何《なん》でも当《あた》り前《まえ》のものでは美しさが感《かん》じられなかったのです。感覚《かんかく》に異常《いじょう》な刺戟《しげき》を与えるものだけが美しく感じられていたのです。私はその頃《ころ》モーパッサンの『イーヴェット』という小説《しょうせつ》を読みました。それには月光《げっこう》の美《び》を讃美《さんび》しながら毒《どく》を仰《あお》いで死んで行《ゆ》く少女《しょうじょ》のことが書いてありましたが、そういう何《なに》か変《かわ》ったことがないと美しく感じられないのは病的《びょうてき》なのであります。五官《ごかん》にふれるところの美しさというものは、その感覚的刺戟《かんかくてきしげき》が陳《ふる》くなって来ると、もう美《び》に感じられなくなる。すると次へ次へと、何《なに》か新しい工夫《くふう》をして感覚を刺《し》戟《げき》して美的快感《びてきかいかん》を得《え》ようとするのであります。

五官の美《び》は、それが慣《な》れて来《く》ると美的牽引力《びてきけんいんりょく》を失って来《く》る。そして次へ次へと「新しい刺戟《しげき》」を発見《はっけん》しているのが、興行物《こうぎょうもの》や文学《ぶんがく》の新しい流れというものなのです。そしてその流れに乗せられて行《ゆ》きますと『イーヴェット』のように「死の讃美《さんび》」というところまで行《ゆ》くのであります。人生に五官

モーパッサン Guy de Maupassant 一八五〇～一八九三年。フランスの小説家。『女の一生』等の長編の他、多くの中短編小説や時評文を残した。国木田独歩や田山花袋等に影響を与え、日本の自然主義文学の成立にも重要な役割を果たした

『イーヴェット』 Yvette 一八八四年に「ル・フィガロ」紙に発表された。『誘惑』『生の誘惑』等の題で邦訳出版されている

牽引力 引き寄せる力

興行物 観客から入場料などを徴収して行う映画や相撲、演劇、見世物など

の新しい刺戟《しげき》を追い追いして行《ゆ》きますと、最《もっと》も強烈《きょうれつ》な刺戟《しげき》は、「死」よりほかにない。「死の直前《ちょくぜん》のスリル」ほど強烈な刺戟《しげき》はない。そこで私は毎日遺《まいにちゆい》言《ごん》を書いて毎日自殺《じさつ》しようと考えていたこともありました。一遍《いっぺん》この境地《きょうち》を超《こ》えたものでないと感覚美《かんかくび》の追求《ついきゅう》、五官美《ごかんび》の追求が「空《くう》の空《くう》なるもの」握《にぎ》れば消えてしまう幻《まぼろし》のようなものであることが判《わか》らないのです。生長《せいちょう》の家《いえ》の「肉体《にくたい》の否定《ひてい》」も「五官《ごかん》の快楽《かいらく》の否定」もみんな単《たん》なる理窟《りくつ》ではない。私の血の出るような体験《たいけん》から来《き》ているのであります。

オスカー・ワイルドの耽美生活《たんびせいかつ》

五官美の追求ぐらい若い人の心を魅惑《みわく》するものはありませんが、五官美の追求では、近代《きんだい》ではオスカー・ワイルドを以《もっ》て第《だい》一と致《いた》します。オスカー・ワイルドは十九世紀《せいき》の英国《えいこく》の文豪《ぶんごう》で、日本《にっぽん》でいうと谷崎潤一郎《たにざきじゅんいちろう》のような作《さく》

追求　目的のものを手に入れるためにどこまでも追い求めること

頭注版㉙一五七頁

オスカー・ワイルド　Oscar Wilde 一八五四〜一九〇〇年。アイルランド出身の詩人、作家、劇作家。耽美的作家として知られる。『獄中記』『サロメ』などの著作がある。本全集第三十一巻「自伝篇」上巻参照

谷崎潤一郎　明治十九〜昭和四十年。小説家。耽美主義的作品を創作し、後に古典趣味に転じた。昭和二十四年文化勲章受章

風《ふう》のものを書いたのでありまして、非常《ひじょう》にけばけばしい、そうして探偵的《たんていてき》興味《きょうみ》もある、美しい、といっても、グロテスクな、怪奇《かいき》といいますか、凄《せい》艶《えん》といいますか、妖美《ようび》といいますか、そういうふうな美《び》を作品《さくひん》に書いたのであります。私は近頃《ちかごろ》はそういうものにはすっかり飽《あ》きてしまいまして、一向《いっこう》感心《かんしん》しないのでありますが、一時《いちじ》は私の生活《せいかつ》の聖書《せいしょ》がオスカー・ワイルドの著作《ちょさく》でありました。おそらく皆《みな》さんは近頃流行《ちかごろりゅうこう》のレビューを松竹《しょうちく》とか東宝《とうほう》とかへ観《み》においでになって一種《しゅ》の美《び》をお感《かん》じになったとすれば、おそらくそんな怪奇な五官的美《ごかんてきび》をお感じになったのではないかと思います。実《じつ》は私はたった一回東宝《かいとうほう》へレビューを観《み》に行《ゆ》きました。そして、ああいうものの中《なか》に本《ほん》当《とう》の美《び》がないことを感じて、それ切り愛想《あいそう》がつきて観《み》に行《ゆ》かないのであります。それは光明思想普及会《こうみょうしそうふきゅうかい》が設立《せつりつ》されました時《とき》に、普及会《ふきゅうかい》に入用《にゅうよう》の文房具《ぶんぼうぐ》品《ひん》をずっと取揃《とりそろ》えるために、銀座《ぎんざ》の伊東屋《いとうや》へ係《かかり》の人《ひと》と一緒《いっしょ》に出掛《でか》けて行《い》った事《こと》があります。それは昭和《しょうわ》九年《ねん》十二月《がつ》二十五日《にち》でありました。文房具《ぶんぼうぐ》をたく

グロテスク　姿や形が異様で不気味なさま

凄艶　ぞっとするほどなまめかしいさま

妖美　人を惑わせるようなあやしげな美しさ

松竹　明治三十五年に白井松次郎と大谷竹次郎が松竹合名社を設立。演劇や映画などの制作、配給、興行会社

東宝　昭和七年に小林一三が設立した演劇や映画などの制作、配給、興行会社

光明思想普及会　昭和九年十一月に著者が設立した出版社。設立時の顧問は著者、社長は宮崎喜久雄。ここで最初の『生命の實相』全集(黒布表紙版)が発行され、月刊誌『生長の家』も引き継がれた

銀座の伊東屋　明治三十七年に伊藤勝太郎が創業した文房具店。現在の株式会社伊東屋

さん買いましたら抽籤券《ちゅうせんけん》をくれたのです。抽籤券《ちゅうせんけん》は十枚《まい》ぐらいありましたが、私が抽《ひ》くと一等《とう》が四枚、二等が二枚も当《あた》りました。さすがに生長《せいちょう》の家《いえ》で、随分《ずいぶん》素晴《すば》らしい当《あた》りだったのです。その一等は東宝劇場《とうほうげきじょう》の正月興行《しょうがつこうぎょう》の招待券《しょうたいけん》なのです。そこでその日《ひ》に東宝劇場へ社員《しゃいん》と一緒《いっしょ》にレビューを観《み》に行《い》ったのであります。観《み》に行って一ぺん見て愛想《あいそう》をつかしたのであります。というのは私はそこに本当《ほんとう》の美しさというものを見出《みいだ》す事《こと》が出来《でき》なかったのです。無論《むろん》それは色《いろ》の美しい衣裳《いしょう》や、美しい白粉《おしろい》を塗《ぬ》って、蠱惑的《こわくてき》に自分《じぶん》の身体《からだ》を飾《かざ》って半裸体《はんらたい》で出てくる少女《しょうじょ》の群《むれ》がある。あのレビューの美しさというものを、たった一回観《かいみ》ただけで批評《ひひょう》すると気《き》の毒《どく》ですが、あれは嘘《うそ》の美しさであって本当の美しさではないという事を発見《はっけん》したのです。近頃《ちかごろ》ターキーが有名《ゆうめい》であるとか、誰《たれ》が人気《にんき》があるとかいいますが、あれは当《あた》り前《まえ》の美しさではない。女でもなし男でもない、女の身体《からだ》が男の服装《ふくそう》の中《なか》へ這入《はい》っているところに一種《しゅ》の倒錯的《とうさくてき》な妖美《ようび》とでもいう感《かん》じがあるのです。あれは正しい

蠱惑的　人の心をあやしい魅力で惑わすさま

ターキー　松竹少女歌劇の看板スターであった水の江瀧子の愛称。大正四～平成二十一年。「男装の麗人」として国民的人気を博した

倒錯的　さかさま

美しさではなく、病的刺戟《びょうてきしげき》の美しさであります。

レビューの美《び》はどこにある

本当《ほんとう》の美《び》というものはあんなところにあるのではないのであります。あれは病的《びょうてき》な露出症《ろしゅつしょう》の発現《はつげん》であります。露出症というのは裸《はだか》になって見てほしいという性的倒錯《せいてきとうさく》の病的欲望《びょうてきよくぼう》の顕《あらわ》れであります。西洋人《せいようじん》は昔《むかし》は日本人《にっぽんじん》が素《す》足《あし》で歩くことや、赤い蹴出《けだ》しの間《あいだ》から歩くたびにチラホラ見える女性《じょせい》の白い脛《はぎ》でさえも慎《つつ》しみがないといって批難《ひなん》したものであります。ところが感覚的《かんかくてき》刺戟《しげき》というものは、慣《な》れると「美《び》」に感《かん》じなくなるので、素足《すあし》だけでは刺戟《しげき》美《び》が感じられないので、脛《すね》を露出《ろしゅつ》し、膝《ひざ》まで露出し、次第次第《しだいしだい》にその上部《じょうぶ》まで露出してパンテージ・ショウのような裸《はだか》の逆立《さかだ》ちになっても、もう刺戟美《しげきび》が感じられなくなるのであります。吾々《われわれ》はもう好《い》い加減《かげん》、感覚《かんかく》の刺戟美《しげきび》の無《む》

頭注版㉙一五八頁

露出症　自分の裸体などを露出して他人に見せることで性的満足を得るといった性的倒錯の一種

蹴出し　和装で、女性が腰巻の上に重ねて巻きつける布。明治時代以降は、腰巻そのものを呼ぶ。裾よけ

脛　膝から足首までの部分。すね

パンテージ・ショウ　Pantages Show 昭和十年にアメリカのハリウッドから来日した一座による興行。自転車の曲乗りやローラースケートなども披露された

価値《かち》を悟《さと》っても好《よ》いと思うのであります。感覚《かんかく》の快感《かいかん》は底無《そこな》しの穴《あな》に物《もの》を塡《つ》め込《こ》んで充足《じゅうそく》を計《はか》るようなもので限《かぎ》りがないのであります。

裸《はだか》の逆立《さかだち》でも官能《かんのう》を刺戟《しげき》しなくなると、ターキーのように女が男になるようなことが、それが不自然《ふしぜん》なグロテスクなことであるが故《ゆえ》に、しばらく観客《かんきゃく》の好奇心《こうきしん》を唆《そそ》って人気《にんき》を博《はく》しているのですが、それは男が女になる歌舞伎《かぶき》役者《やくしゃ》の女形《おやま》とはちがいます。歌舞伎役者の女形《おやま》は女になり切ってしまうのですが、レビューの男役《おとこやく》は、全然《ぜんぜん》男になり切らないで、半陰陽《はんいんよう》の姿《すがた》であってそこに魅力《みりょく》があるのです。あれは女性《じょせい》が男の装《よそお》いの中《なか》に這入《はい》っているのであって、陰陽《いんよう》を逆《ぎゃく》にしているところに不自然な倒錯的《とうさくてき》な美《び》があるのです。観劇《かんげき》というものは、感情《かんじょう》の移入《いにゅう》と申《もう》しまして、観客《かんきゃく》が舞台《ぶたい》の役者《やくしゃ》に自分《じぶん》の感情を移入して楽しむのです。だから役者が泣けば、観客が泣くのです。レビューの露出美《ろしゅつび》を楽しんでいる観客は感情移入《かんじょういにゅう》の観劇心理《かんげきしんり》から行《ゆ》きますと、それを観《み》て喜《よろこ》んでいる人《ひと》はすべて露出症《ろしゅつしょう》であって、自分の露出《ろしゅつ》したい慾望《よくぼう》を、

官能　肉体的満足、特に性的感覚を享受する働き

女形　歌舞伎で、女の役をする男の役者

役者《やくしゃ》に投影《とうえい》して満足《まんぞく》しているのです。それを知ってレビューの観客《かんきゃく》を見ると、どんな美しいお嬢《じょう》さんでもすべて露出症《ろしゅつしょう》に私には見えるのです。まことにお気《き》の毒《どく》で、「あの人《ひと》も露出症か」と思うとお嬢さんたちの顔《かお》が気の毒で見ていられないのです。それは誠《まこと》に変態性欲《へんたいせいよく》の世界《せかい》です。自動車《じどうしゃ》でレビューの役者の楽屋《がくや》へ駆《か》けつけて往《い》って役者の靴磨《くつみが》きをする良家《りょうけ》の令嬢《れいじょう》もあるということですが、これは性的拝物狂《せいてきはいぶつきょう》というので、変態性欲の世界であって皆《みな》様《さま》はそんな所《ところ》へ近寄《ちかよ》ってはなりません。大体《だいたい》レビューの役者が舞台《ぶたい》で着《き》ているような衣裳《いしょう》はそう新しいものではありません。もう四十年《ねん》も前《まえ》にオスカー・ワイルドは感覚美《かんかくび》を追求《ついきゅう》した揚句《あげく》、耽美衣裳《たんびいしょう》というものを着て歩いたそうです。それは舞台《ぶたい》だけであんなふうをして歩くのではないのであって、往来《おうらい》を耽美衣裳《エセチック・コスチューム》を着て、まるでひろめ屋《や》が歩くような変《かわ》った服装《ふくそう》をして、人々《ひとびと》の注目《ちゅうもく》を惹《ひ》いて歩いたのであります。これは露出症の顕《あらわ》れで「見てもらいたい」欲望《よくぼう》の転化《てんか》であります。

投影　物事の姿や形を影として映し出すこと

四十年も前　この講話の行われた昭和十年から四十年前。一八九五（明治二十八）年頃

往来　道路

エセチック・コスチューム　esthetic costume

ひろめ屋　ちんどん屋。人目につく姿で楽器を鳴らしながら商店や商品の宣伝をして歩く職業。東西屋

近頃《ちかごろ》、夜《よる》の銀座《ぎんざ》を歩いてみますと、変《へん》なグロテスクななりをして歩いている婦人達《ふじんたち》がありますが、あんなのは新しいつもりでやっているのでしょうが、随分《ずいぶん》時代《じだい》遅《おく》れです。四十年程前《ねんほどまえ》にオスカー・ワイルドが実行《じっこう》した耽美衣《たんびい》裳《しょう》というものを吾々《われわれ》が讃美《さんび》したのはもう今《いま》から二十五年前《ねんまえ》ですから、あれはオスカー・ワイルドに比べると四十年、吾々《われわれ》に比べると二十五年も時代遅れのことを今の人《ひと》は新しいと思ってやっているのです。

ああいう感覚刺戟《かんかくしげき》の強烈《きょうれつ》さを美《び》だと考えている人間《にんげん》の美感《びかん》は野蛮人《やばんじん》に逆《ぎゃっ》行《こう》しているのであります。野蛮人には、黄とか赤とか、強力《きょうりょく》な色彩《しきさい》のものでないと美《び》が感《かん》じられないのです。日本人《にっぽんじん》の喜《よろこ》ぶサビの美《び》などは野蛮人には判《わか》らないのです。日本人《にっぽんじん》がサビの美《び》を忘れてレビューに憧憬《あこが》れているようなことでは誠《まこと》に残念《ざんねん》なことであります。あそこの美《び》をもう一《ひと》つ越《こ》えなければ本《ほん》当《とう》の美《び》の世界《せかい》へ出る事《こと》が出来《でき》ないのです。オスカー・ワイルドも耽美衣裳《たんびいしょう》や、肉体《にくたい》のあらゆる刺戟的感覚美《しげきてきかんかくび》や、この時代《じだい》には普通《ふつう》の人はやれないとこ

野蛮人　文化が開けていない地域、時代に住む人々

サビ　古びて枯れた味わいのあること

ろの楽しみを嘗《な》めて嘗《な》めてその揚句《あげく》の果《はて》に、とうとう或《あ》る事件《じけん》で法律《ほうりつ》にふれるような楽しみまでやり出しまして、そして監獄《かんごく》に行《い》ったという事《こと》になっているのです。それから監獄の中《なか》で一人《ひとり》の友達《ともだち》の囚人《しゅうじん》が見すぼらしい痩《や》せたよぼよぼした姿《すがた》で、獄舎《ごくしゃ》の苦役《くえき》に大きな水桶《みずおけ》に水の一杯《いっぱい》這入《はい》ったのを運ばされている——そのよぼよぼした辛《かろ》うじて歩こうとしている憐《あわ》れな姿を見た時《とき》に、「よし、私が代《かわ》りに持ってやろう」という気持《きもち》を起《おこ》してその憐《あわ》れな囚人の水桶《みずおけ》を代《かわ》りに運んでやった。それを運んでやった時に、オスカー・ワイルドの心に今迄《いままで》、生《うま》れてから味わったことのない本当《ほんとう》に美しい嬉《うれ》しい感《かん》じが魂《たましい》の底《そこ》から湧《わ》き起《おこ》って来《き》たのです。今まで金《かね》で五官《ごかん》の快楽感《かいらくかん》を購《あがな》い、五官の世界《せかい》のあらゆる美《び》を征服《せいふく》して来《き》たが、そんな時には味わうことの出来《でき》なかった勝利感《しょうりかん》をオスカー・ワイルドは味わったといいます。そうして自分《じぶん》はこの獄舎に這入《はい》るまでに人生《じんせい》の有《あ》りと凡《あら》ゆる美しい生活《せいかつ》を送って来たが、その楽しい美しい生活といえども、この自分が見すぼらしい囚人に代《かわ》って水桶《みずおけ》を

監獄　拘置所や刑務所等の旧称

苦役　苦しい労働

購う　買い求める

運んでやった愛の行為《こうい》の美しさには及《およ》ばないという事《こと》をワイルドは知ったのであります。今《いま》、吾々《われわれ》からレビューを礼讃《らいさん》している現代《げんだい》の新しい人《ひと》たちを見ますと、ちょっとオスカー・ワイルド一歩手前《いっぽてまえ》という感《かん》じがするのであります。

美《び》は形《かたち》の世界《せかい》にはない

　そういうふうに「美《び》」というものは、感覚《かんかく》の世界、形の世界にあると思っている間《あいだ》はまだオスカー・ワイルド一歩前《いっぽまえ》なのであります。本当《ほんとう》の美しさは形の世界にはない。どんなに身窄《みすぼ》らしい服装《ふくそう》をしている時《とき》にも本当の美《び》はあるのです。イエスは自己《じこ》を歎《たん》じて「人の子は枕《まくら》するところなし」といわれましたが、枕《まくら》するところのないような貧《まず》しい生活《せいかつ》の中《なか》にも「本当の美《び》」はあるのです。転向以後《てんこういご》のオスカー・ワイルドはイエス・キリストこそ世界最大《せかいさいだい》

礼讃　ありがたいことだと思ってほめたたえること

頭注版㉙一六二頁

「人の子は…」『新約聖書』「マタイ伝」第八章、「ルカ伝」第九章にあるイエスの言葉

転向　立場や好みなどを変えること

の美的生活者《びてきせいかつしゃ》だと評《ひょう》したのであります。このオスカー・ワイルドの『獄中《ごくちゅう》記《き》』に私が共鳴《きょうめい》しておりました時《とき》が、私の二十一歳《さい》か二十二歳ぐらいの時でありまして、それ以来《いらい》私はすっかり感覚《かんかく》のみの美しさというものに愛想《あいそう》をつかしてしまったのであります。そうして憐《あわ》れなものを愛するということこそ本当《ほんとう》に美しいものであるという事《こと》に気がついて、ずっと弱者《じゃくしゃ》の友《とも》として、虐《しいた》げられた人《ひと》をこの世《よ》から救《すく》い出《だ》すことを自分《じぶん》の使命《しめい》として来まして、ついにこの「生長《せいちょう》の家《いえ》」の一大光明《いちだいこうみょう》真理《しんり》を発見《はっけん》することになったのであります。

反動時代《はんどうじだい》の生活《せいかつ》

生長の家の説《と》くところは、当《あた》り前《まえ》の生活、素直《すなお》な生活であります。美《び》を美《び》とし、醜《しゅう》を醜《しゅう》とし、柳《やなぎ》を緑《みどり》と認《みと》め、花を紅《くれない》と認める生活であります。当《あた》り

『獄中記』 原題はラテン語で「深き淵より」の意。オスカー・ワイルド没後の一九〇五年刊。獄中の手記

頭注版㉙一六三頁

柳は緑、花は紅 北宋の詩人蘇軾（そしょく）の「柳緑花紅真面目」より。柳は緑色をしており、花は紅に咲くように、自然そのままであること。自然のことわり

前《まえ》が美しいのに男装《だんそう》の少女《しょうじょ》ターキーが美しいと感《かん》じられる病的美《びょうてきび》(明《あきら》かに精神分析《せいしんぶんせき》の結果《けっか》は病的美である)を讃美《さんび》する生活《せいかつ》から転《てん》じて当《あた》り前《まえ》の生活を讃美するようになる生活であります。ところが、今迄《いままで》、極端《きょくたん》に感覚美《かんかくび》を追《つい》求《きゅう》した揚句《あげく》の果《はて》はどうなるかといいますと、その逆《ぎゃく》になって、虐《しいた》げられたものだけを愛する、或《あるい》は弱いものだけを愛する、或《あるい》は醜《みにく》いものだけを愛するというふうに偏寄《かたよ》りが出来《でき》て来て、権力《けんりょく》ある者《もの》、強き者、美しい者を逆に憎《にく》むというふうになり易《やす》いのであります。私にもその時代《じだい》がありまして、金持《かねもち》は憎い、権力者《けんりょくしゃ》は憎い、華美《かび》な生活をしている人《ひと》は憎いという時代がありました。しかしこの反動時代《はんどうじだい》も超越《ちょうえつ》しなければならないのであります。左《さ》翼的運動《よくてきうんどう》を起《おこ》している人の中《なか》には、権力ある者を素直《すなお》に尊敬《そんけい》出来ないというふうな反動精神的《はんどうせいしんてき》な偏寄《かたよ》りがあるらしいので、これはまだ本物《ほんもの》になっていないのであります。それを超越した時《とき》に初《はじ》めて釈迦《しゃか》のように、金持《かねもち》も愛するし、貧乏人《びんぼうにん》も愛するし、健康者《けんこうしゃ》も愛する、皆平等一様不偏《みなびょうどういちようふへん》に愛する事《こと》が出

左翼的運動　マルクス・レーニン主義、共産主義、社会主義等を信条として行う運動

不偏　かたよらず公正な立場にあること

来るようになるのであります。これが生長《せいちょう》の家《いえ》の生《い》き方《かた》であります。

しかしその境地《きょうち》になるまでには、私も感覚美追求《かんかくびついきゅう》の反動時代《はんどうじだい》を通過《つうか》しまして、今度《こんど》はあべこべに汚《きた》ない生活《せいかつ》、身《み》すぼらしい生活の礼讃時代《らいさんじだい》というものがしばらく続いたのであります。その頃《ころ》私は一燈園《いっとうえん》の西田天香氏《にしだてんこうし》に触《ふ》れ、聖《せい》フランシスの伝記《でんき》に触れまして、大《おお》いにその清貧礼讃《せいひんらいさん》の生活に共鳴《きょうめい》し、天香《てんこう》さんが黒い筒袖《つつそで》の身すぼらしい服装《ふくそう》をしてそうして合掌《がっしょう》して穏《おだ》やかな顔《かお》をしておられる――その姿《すがた》をこよなく美しいものに感《かん》じたのであります。それは美しいといっても、色《いろ》を見ても感覚的《かんかくてき》にはちっとも美しいものではない。しかしながら、そこに何《なん》ともいえない精神的《せいしんてき》な美《び》が感じられてくるのを味わいました。この美しさというものは五官《ごかん》の中《なか》にはどこにもない。五官の感覚《かんかく》で分析《ぶんせき》してみたならば、それは一個《こ》の身すぼらしい乞食《こつじき》の姿に過《す》ぎませんけれども、そこに何《なん》ともいえない美しいものを見出《みいだ》す事《こと》が出来《でき》るようになったとき、私はその美しさはどこから来《く》るかと考えたのであります。この

一燈園　明治三十八年に西田天香が創立した修養団体。本全集第七巻「生命篇」下巻第十三章、第三十二巻「自伝篇」中巻等参照

西田天香氏　明治五～昭和四十三年。本名は市太郎。長浜八幡神社境内の愛染堂で断食坐禅中、宗教的悟りを得る。その後、一燈園を創始した。主著に『懺悔の生活』がある

聖フランシス　一一八二～一二二六年。カトリック修道士。生涯にわたって清貧と「キリストのまねび」に徹し、ラベルナ山において聖痕を受けたと言われる

清貧　行いが清らかで私欲がなく、貧乏なこと

筒袖　筒のような形の細い袖に仕立てた着物

間《かん》の消息《しょうそく》は、私の論文集《ろんぶんしゅう》『佛教《ぶっきょう》の把握《はあく》』という本に詳《くわ》しく書いてありますが、かくの如《ごと》くして私には、五官《ごかん》というもの以外《いがい》に本当《ほんとう》に美しいものがあるのであるという眼《まなこ》が次第《しだい》に開《ひら》けて参《まい》りました。五官を絶《ぜっ》したところに本当の美《び》があるということが段々判《だんだんわか》って参りますと、何《なに》も身窄《みすぼ》らしいものの中《なか》のみに限《かぎ》らず、五官的《ごかんてき》の美しいものの中《なか》にも綺麗《きれい》な姿《すがた》の中《なか》にもやはり五官を絶した美しさがある。五官的の美しいものを排斥《はいせき》するというような反動精神《はんどうせいしん》もやはり五官に捉《とら》われている。五官的の醜美《しゅうび》にかかわらず、一様平等《いちようびょうどう》に総《すべ》てのものの背後《はいご》に美しさがあるということが分《わか》って来《き》たのです。それは私にとって一飛躍《いちひやく》でありました。感覚《かんかく》の美しさでない。その奥《おく》に本当の美しいものがある。これが実相《じっそう》の美しさでありまして、五官の目でないところのまた別《べつ》の心の眼《め》が開《ひら》けて来《き》たわけであります。そうなりますと、素直《すなお》に、柳《やなぎ》は緑《みどり》、花は紅《くれない》と、そのままに全《すべ》てのものの美しさを、自己《じこ》の病的《びょうてき》な好悪《こうお》で選《え》り好《ごの》みなしに受取《うけと》ることが出来《でき》るようになったのであります。

消息　その時々のありさま。状況。事情

『佛教の把握』　昭和十二年、光明思想普及会刊。著者の立教前の著書『聖道へ』の大半、本全集第三十三巻「自伝篇」下巻の「関東大震火災に逢う」「肉体及び物質の否定」、第四十三巻「久遠仏性篇」中巻の「久遠を流るるいのち」等を収録

そのままを肯定《こうてい》した生活《せいかつ》

生長《せいちょう》の家《いえ》の生活はこういうふうにして私の生活体験《せいかつたいけん》によって発見《はっけん》された生活でありまして、全《すべ》ての毛嫌《けぎら》いをみんな捨《す》ててしまった生活であります。その代《かわ》り貧乏《びんぼう》でも出来《でき》るし、金持《かねもち》でも出来るのです。美《び》というものは調和《ちょうわ》無《む》限《げん》から来《く》るのでありますから、本当《ほんとう》の美しい生活、調和無限の生活というものは、そんなもの嫌《いや》、こんなもの嫌《いや》、色々《いろいろ》毛嫌《けぎら》いしていたのでは本当に調和無限、自由無限《じゆうむげん》の生活は出来ないのであります。選択《せんたく》のあるところ、自《じ》分《ぶん》の「尺度《しゃくど》」のあるところ必《かなら》ず衝突《しょうとつ》が来《く》るのであります。選択を絶《ぜっ》して柳《やなぎ》は緑《みどり》、花《はな》は紅《くれない》となったとき大調和《だいちょうわ》の生活は来《きた》るのです。今《いま》では私は貧者《ひんじゃ》にも、富者《ふうしゃ》にも、強者《きょうしゃ》にも、弱者《じゃくしゃ》にも、美しい着物《きもの》をきている人《ひと》にも、ボロの着物を着ている人にも、それぞれの美《び》を感《かん》ずることが出来、そこに美

頭注版㉙一六五頁

しさがそのままに在《あ》るという事《こと》が分《わか》って参《まい》りました。過去《かこ》の反動時代《はんどうじだい》の私でありましたならば、ただ一枚《まい》の身窄《みすぼ》らしい着物《きもの》を着ていて、こんな現在《げんざい》のような、ちょっと優《ま》しな着物を着ましたならば自分《じぶん》は職工《しょっこう》を搾取《さくしゅ》している。工場生活者《こうじょうせいかつしゃ》というものは一日《にち》二十五銭《せん》ぐらい貰《もら》って十二時間《じかん》も働《はたら》いている、その女工《じょこう》の生活《せいかつ》を思うと気《き》の毒《どく》になっていつも身窄《みすぼ》らしいボロボロの着物を着なければ、その女工さんに済《す》まないというような気がしていましたが、だんだん平等《びょうどう》の真理《しんり》が判《わか》って参《まい》りますと、こういう着物を買って着てあげることが女工さんを助けているという事に気がついて来たのです。例《たと》えば女工さんが、日給《にっきゅう》二十五銭貰《もら》って十二時間働いて折角拵《せっかくこしら》えてくれたものを、これを使わないで黴《かび》を生《は》やしてそのまま腐《くさ》らしてしまうよりも、ここにこうして着てあげる事が職工を拝《おが》む事になるという事が分《わか》って来たのです。この演壇《えんだん》に立っている時《とき》には、この着物を織《お》ってくれた女工さんと一緒《いっしょ》に立っている、この働《はたらき》は、女工さんと一緒に働かせて頂《いただ》いているのと

職工　職人。工員
搾取　生産者の労働の成果を取り上げること。しぼり取ること
二十五銭　現在の約五百～七百五十円に相当する

同じ事《こと》であると発見《はっけん》したのであります。ただ今迄《いままで》のような金《かね》があるから、勝《かっ》手《て》に買って着るのが何故《なぜ》悪いかという心持《こころもち》はなくなって、女工《じょこう》さんと一緒《いっしょ》に働《はたら》かせて頂《いただ》いている。ここに女工さんの生命《せいめい》の延長《えんちょう》が来て、女工さんがやはり私と共《とも》に話をしていて下《くだ》さるというような気持《きもち》で感謝《かんしゃ》しながら、喜《よろこ》んで絹織物《きぬおりもの》の着物《きもの》を与えられれば着られるようになったのです。これが調和無《ちょうわむ》限《げん》でありまして、女工さんは工場《こうじょう》にもおれば、ここに立って説教《せっきょう》もしているのであります。女工の中《なか》に私がおり、私の中《なか》に女工がいる、そして一緒に働かせて頂いているという事が分《わか》るのであります。かように総《すべ》ての生命《いのち》の共《きょう》通性《つうせい》というものが分《わか》りますと、今迄《いままで》、女工さんに済《す》まないと思って、着物を着ないようにし、そして着物の市価《しか》を暴落《ぼうらく》させて、女工の収入《しゅうにゅう》を却《かえ》って減《げん》じていたような不調和《ふちょうわ》が消滅《しょうめつ》し、そのまま全《すべ》てが調和《ちょうわ》している、そのままで自由《じゆう》な無限供給循環《むげんきょうきゅうじゅんかん》の有難《ありがた》い世界《せかい》がそこに実現《じつげん》して来たのであります。

市価　商品が市場で売買される価格

話が大分脱線《だいぶだっせん》したようでありますが、しかし決《けっ》して話は脱線したのではありません。神の叡智《みちえ》が悟《さと》れてまいりますと、光明無限《こうみょうむげん》、愛無限《あいむげん》、智慧無限《ちえむげん》、調和無限《ちょうわむげん》、従《したが》って供給無限《きょうきゅうむげん》の世界《せかい》が展開《てんかい》して来《く》るのであります。仏教《ぶっきょう》では無礙光如来《むげこうにょらい》、無量寿仏《むりょうじゅぶつ》、大慈大悲《だいじだいひ》の観世音《かんぜおん》、というふうに智慧《ちえ》と生命《せいめい》と愛との仏《ほとけ》の三徳《とく》を称《たた》えたのでありますが、生長《せいちょう》の家《いえ》ではそれにもう一《ひと》つ無限供給《むげんきょうきゅう》というのを加えているのであります。また他《た》に調和無限とか自由《じゆう》無限《むげん》とかいうのがありますけれども、智慧《ちえ》と愛と生命《せいめい》とが整《ととの》えば自然《しぜん》に調和無限、自由無限になるのであります。神想観《しんそうかん》の実修《じっしゅう》の時《とき》に「無限《むげん》の智慧《ちえ》、無限の愛、無限の生命《せいめい》、無限の供給《きょうきゅう》に満《み》ちている大調和《だいちょうわ》の世界……」と念《ねん》ずるのもこのような意味《いみ》でありまして、このままの世界が、ここが、実相《じっそう》の世界であって、無限の智慧《ちえ》が満ち、無限の生命《せいめい》が満ち、無限の愛が満ちているところの調和無限の世界だと、そのままの実相が解《わか》るように念《ねん》ずるのであります。尤《もっと》も仏教には「無限供給」という言葉はありませんが、『大無量寿《だいむりょうじゅ》

無礙光如来　阿弥陀如来の別称。尽十方無礙光如来

無量寿仏　阿弥陀仏の別称。阿弥陀仏の寿命がはかりしれないことによる

『**大無量寿経**』　大乗仏教の経典の一つ。浄土教の根本聖典で、浄土三部経の一つ。『無量寿経』または『大経』ともいう

経《きょう》』に書いてある極楽世界《ごくらくせかい》を欲《ほっ》するもの全《すべ》てが自然《しぜん》に顕現《けんげん》する無限供給《むげんきょうきゅう》の世界《せかい》であります。吾々《われわれ》は神の子であり、仏子《ぶっし》でありますから、その実相《じっそう》を悟《さと》れば、そのままで全《すべ》てが自然に顕現《けんげん》する無限供給の世界であります。吾々《われわれ》は神の子であり、仏子《ぶっし》でありますから、その実相を悟れば、そのままで全《すべ》ての事《こと》は整《ととの》うのであります。現世利益《げんぜりやく》が好《よ》いとか、悪いとか色々問題《いろいろもんだい》にする人《ひと》がありますが、吾々《われわれ》は既《すで》に物質無《ぶっしつむ》を悟った上《うえ》で、神を知らして頂《いただ》き、吾々《われわれ》の行《ゆ》くところに神の無限供給が展開《てんかい》してくるのですから、今《いま》さら現世利益《げんぜりやく》を問題にしている人の方《ほう》が「物質有《ぶっしつう》」に捉《とら》われているのであります。

（註《ちゅう》）これは昭和《しょうわ》十年花嫁学校《ねんはなよめがっこう》の修養講話《しゅうようこうわ》に話したるものの筆記《ひっき》である。従《したが》って年代《ねんだい》、貨幣価値《かへいかち》及《およ》び社会事情《しゃかいじじょう》　悉《ことごと》く異《ことな》るも、内容《ないよう》の精神《せいしん》については変更《へんこう》の必《ひっ》要《よう》を認《みと》めないので、そのまま集録《しゅうろく》することにした。（著者《ちょしゃ》）

現世利益　現実生活でお蔭を得ること

第十二章　家族全体《かぞくぜんたい》を健康《けんこう》にする方法《ほうほう》

頭注版㉙一六九頁

夫婦《ふうふ》の心の不調和《ふちょうわ》から起《おこ》った奥様《おくさま》の病気《びょうき》

広島《ひろしま》の修道中学《しゅうどうちゅうがく》の先生《せんせい》で加藤舜太郎《かとうしゅんたろう》といわれる先生がございました。前々《まえまえ》から色々修養《いろいろしゅうよう》に志《こころざ》しておられまして、修養団《しゅうようだん》やら一燈園《いっとうえん》やら種々《しゅじゅ》

頭注版㉙一六九頁

修養団　明治三十九年、東京府師範学校(現在の東京学芸大学)の蓮沼門三を中心とする学生達によって創立された社会教育団体。平成二十三年に公益財団法人となる

方々《ほうぼう》の修養法《しゅうようほう》を経《へ》めぐられた方《かた》であります。

この方《かた》の奥《おく》さまが「バセドー氏病《しびょう》」という病気《びょうき》に前《まえ》からお罹《かか》りになっておったのであります。「バセドー氏病」というと、ちょっと名前《なまえ》が難《むつ》かしいですけれども、甲状腺《こうじょうせん》の病気で、この首の辺《あたり》に腺《せん》がある、それを甲状腺という、その甲状腺が腫《は》れる病気でありまして、その内分泌液《ないぶんぴつえき》が殖《ふ》えて来《き》ますと眼球《がんきゅう》が飛出《とびだ》して来《く》る。腺《せん》の腫れるに従《したが》って首が腫れて見苦《みぐる》しくなり、心《しん》臓《ぞう》の動悸《どうき》が早くなって、普通平静《ふつうへいせい》にしている時《とき》でも百三十とか百四十とか脈《みゃく》搏《はく》がするというふうな状態《じょうたい》の病気であります。その奥さまはそういうふうな厄介《やっかい》な病気になっておられまして、色々《いろいろ》と医療《いりょう》をお尽《つく》しになったけれども、医療では治《なお》らなかったのであります。無論近頃《むろんちかごろ》は外科的手術《げかてきしゅじゅつ》で首を切って甲状腺が大きくなっただけ、それだけその腺を切除《きりと》れば内分泌《ホルモン》の分泌量《ぶんぴつりょう》が調節《ちょうせつ》されて治《なお》るというような手術《しゅじゅつ》がありますけれども、そういうふうな首を切る手術をするのもあまりに恐《おそ》ろしいというふうな気持《きもち》で手術をしなか

バセドー氏病　甲状腺ホルモンが過剰に分泌されるために起こる疾患。甲状腺の腫れ、頻脈、眼球突出を主症状とする

甲状腺　のどぼとけの下方、気管の両側にある蝶形の内分泌腺。甲状腺ホルモンを分泌して物質代謝を促し、身体の成熟を促進させる

腺　特定の物質を分泌したり排泄したりする細胞組織。内分泌腺と外分泌腺とがある

内分泌液　甲状腺・副腎・脳下垂体などで生成された分泌物。ホルモン。直接血液中や体液中に分泌される

動悸　心臓の鼓動が通常より激しい状態

ったのであります。
ところが、当時《とうじ》広島《ひろしま》は御存《ごぞん》じの「ひとのみち教団《きょうだん》」の盛《さか》んなところでありまして、ひとのみち教団の支部《しぶ》がありました。で、知合《しりあい》の人《ひと》から「あんた『ひとのみち教団』へ行《い》ってごらんなさい。必《かなら》ず治《なお》るから。」こういう具《ぐ》合《あい》に知らされましたので、その加藤舜太郎《かとうしゅんたろう》さんの奥《おく》さまが、「ひとのみち教団」へ出掛《でか》けてお出《い》でになったのであります。「ひとのみち教団」へお出《い》でになって入教《にゅうきょう》の手続《てつづき》をせられまして、それから御神宣《ごしんせん》をお受けになったのであります。「この病気《びょうき》は、どういうふうな心で起《おこ》るか」ということを御神《ごしん》託《たく》によって教《おし》えてもらう事《こと》を、ひとのみち教団では「御神宣《ごしんせん》」と言っているのですが――その御神宣《ごしんせん》をお貰《もら》いになったのであります。お貰いになりまして、それを開《ひら》いてごらんになりましたところが、それには自分《じぶん》の心の欠点《けってん》によく的中《てきちゅう》することが書いてある。成《な》る程《ほど》自分の心持《こころもち》にぴったり当《あた》ることが書いてあるというので感心《かんしん》されたのであります。

ひとのみち教団　大正五年に御木徳一が御嶽教徳光大教会として立教し、昭和六年に扶桑教ひとのみち教会と改称。昭和十二年に不敬罪で解散を命じられる。昭和二十一年、徳一の長男徳近がPL教団（パーフェクトリバティ教団）として復興させた

御神宣　神のお告げ

御神託　神が人や物などを通してその意志を知らせること。神のお告げ

御主人《ごしゅじん》が学校《がっこう》からお帰りになると、「おい、お前《まえ》ひとのみち教団《きょうだん》へ行《い》ったそうだが、どんな御神宣《ごしんせん》を貰《もら》った？」「いや、この御神宣《ごしんせん》は他者《ひと》に見せたらいけないのです。他者《ひと》に見せたら効《き》かなくなるということですから、なんぼ良人《おっと》でも、あんたにも言うわけに行《ゆ》きません。しかしこの御神宣《ごしんせん》は何《なに》しろ私の心によくぴったり当《あた》っております。流石《さすが》に神様《かみさま》はえらいものであります」というわけであります。

ですから、その御神宣《ごしんせん》には何《なん》と書いてあったか私は知りません。夫《おっと》の方《かた》も知られない、本人《ほんにん》だけが知っている。御存《ごぞん》じの通《とお》り「ひとのみち教団」の言うところによりますと、人間《にんげん》の病気《びょうき》というものは神様から御注意《おきづけ》を戴《いただ》く、その御注意《おきづけ》を神示《みしらせ》という。その神示《みしらせ》の為《ため》に病気が起《おこ》って来《く》るのである。お前の心持《こころもち》はこういうふうな心持《こころもち》をしているから、それでこういうふうに病気になるのだということを御神宣《ごしんせん》によって教《おし》えてもらって、そのわるい心《こころ》持《もち》、病気の起《おこ》るような心の持方《もちかた》を治《なお》せば病気も治《なお》る、その心持《こころもち》を二十パーセント治《なお》せば二十パーセント病気《びょうき》が治《なお》る、百パーセントその心持《こころもち》を治《なお》したら百パーセント病気が治《なお》るというように説《と》くのだそうであります。

頭注版㉙一七一頁

夫婦《ふうふ》一緒《いっしょ》にやって来《こ》い

そこで、その奥《おく》さんは一所懸命《いっしょけんめい》にその御神宣《ごしんせん》に書いてある心の持方《もちかた》になろうと思って努力《どりょく》なさいました。ところが中々治《なかなかなお》らないのであります。最《もっと》も奥さんが最初《さいしょ》「ひとのみち教団《きょうだん》」へ参《まい》りまして早速《さっそく》に、「バセドー氏病《しびょう》の治《なお》る御神宣《ごしんせん》が欲《ほ》しい」と言われましたら、「あんたバセドー氏病みたいな重い神《みし》示《らせ》は、早速《さっそく》とその御神宣《ごしんせん》を貰《もら》って上《あ》げても、その御神宣《ごしんせん》にある通《とお》り中々実行《なかなかじっこう》出来《でき》ないから、もっと軽い病気から治《なお》してくれと言いなさい。」こう支部《しぶ》の先生《せんせい》から言われたそうでありまして、その時《とき》にはバセドー氏病全体《ぜんたい》が治《なお》るというようにはお願《ねが》いすることが出来なかった。それで、奥さんは「それじゃまあ首が腫《は》れているのを治《なお》すような御神宣《ごしんせん》を戴《いただ》きたい」というので貰《もら》った御《ご》神宣《しんせん》が今申《いまもう》しましたような具合《ぐあい》であったのです。そこで奥様《おくさま》はこの御神宣《ごしんせん》はよく私の心に的中《てきちゅう》しているというので、毎日一所懸命《まいにちいっしょけんめい》に実行《じっこう》なさいましたが、病気《びょうき》の方《ほう》は中々《なかなか》治《なお》らないのであります。治《なお》らないために、復《また》ひとのみち教団《きょうだん》の支部《しぶ》へお出《い》でになって「先生《せんせい》どうも治《なお》りません」と被仰《おっしゃ》って「お導《みちび》き」をお受けになった。「お導き」というのは治《なお》らない時《とき》には御神宣《ごしんせん》の意《い》味《み》を取違《とりちが》いしていることがあるかも知れぬというので、その解釈《かいしゃく》のしようや、実行の仕方《しかた》についてお導きを先生から受けるのだそうであります。そこで支部の先生が「あんたそれは夫婦揃《ふうふそろ》うてひとのみち教《きょう》に入《はい》らないからそれで治《なお》らないのだ、夫婦揃《そろ》うて『ひとのみち』に入教《にゅうきょう》なさったら治《なお》るのだから、今度《こんど》来《く》るときには夫《おっと》の方《かた》を一緒《いっしょ》に伴《つ》れていらっしゃい」というお導きであったのだそうであります。そこで、その奥《おく》さんが自宅《じたく》にお帰りになって、夫が中等学校《ちゅうとうがっこう》からお帰りになりましたときに、その夫に対《たい》して「あんた、ひとのみち教《きょう》へ入《はい》って下《くだ》さい」と、お頼《たの》みになりました。そこで良人《おっと》は「どうしてそんなことを言う」「実《じつ》はいくら御神宣《ごしんせん》を実行《じっこう》しても病気《びょうき》が治《なお》らないので、今日《きょう》は『ひとのみち』の支部《しぶ》へ行《い》って支部の先生《せんせい》にお導《みちび》きを戴《いただ》いたら、夫婦揃《ふうふそろ》うて同じ信仰《しんこう》に入《はい》らないから治《なお》らないのだと言われましたから、どうぞ明日《あす》から一緒《いっしょ》に『ひとのみち』へ入教《にゅうきょう》して下さい」と、こう言われるのであります。

ところが、良人《おっと》の加藤舜太郎《かとうしゅんたろう》さんは、今申《いまもう》しましたように中等学校《ちゅうとうがっこう》の先生でもあり、深い宗教的素養《しゅうきょうてきそよう》のある方《かた》で、これまで修養団《しゅうようだん》とか一燈園《いっとうえん》とか方々《ほうぼう》の修養団体《しゅうようだんたい》を経廻《へめぐ》って来《こ》られました人《ひと》であり、又生長《またせいちょう》の家《いえ》の書物《しょもつ》もほとんどすっかり読んでいる人なのであります。そして、今までにも「生長の家の本をお前《まえ》読め。読んだらお前の病気は治《なお》るのだ。」こう言っておられましたけれども、中々奥様《なかなかおくさま》がお読みにならなかったのだそうであります。

素養　平素から養い蓄えている教養。普段から積んでいる修養

そんな教《おしえ》は皆《みな》知っている

その奥様《おくさま》がそういわれるので、加藤舜太郎《かとうしゅんたろう》さんは「私《わし》も『ひとのみち教《きょう》団《だん》』へお前《まえ》が入《はい》れと言うなら入《はい》らぬこともないけれども、善《よ》い教《おしえ》か悪い教《おしえ》かわからぬものに入《はい》ることは出来《でき》ないから、『ひとのみち』から出している書物《しょもつ》があるだろうから、それを皆《みんな》買い求めて私《わし》のところへ持って来《こ》い。それを読んで私《わし》が感心《かんしん》したら入《はい》るから」というような御挨拶《ごあいさつ》であったのであります。やがて奥様が「ひとのみち」の本を買い求めて主人《しゅじん》にお渡《わた》しになると、主人は読んでごらんになって言われるには「こんな本に書いてあることは、皆《みんな》知っている。もっと私《わし》は深いことを知っているから、私《わし》はこんなところへ入《はい》って修養《しゅうよう》する必要《ひつよう》はないから入《はい》教らぬ。しかし生長《せいちょう》の家《いえ》でも人《ひと》の道《みち》でもいう通《とお》り、どうせ病気《びょうき》は自分《じぶん》の心の持方《もちかた》がわるい

頭注版㉙一七三頁

から起《おこ》るのだから、お前《まえ》はお前で『人《ひと》の道《みち》』の御神宣《ごしんせん》の通《とお》りに心の持方《もちかた》を正しくして治《なお》したらいいじゃないか。」こういうように被仰《おっしゃ》ったのです。そこで奥《おく》さまは困《こま》ってしまった。いくら自分《じぶん》が御神宣通《ごしんせんどお》りに、一所懸命実行《いっしょけんめいじっこう》しても御主人《ごしゅじん》が一緒《いっしょ》に随《つ》いて来《き》てくれない。そうして「ひとのみち」の支部《しぶ》の先生《せんせい》は「一緒にやって来《こ》なければ治《なお》らぬ。」こう言われるので板挟《いたばさ》みになってしまったのです。それでしばらく「ひとのみち」支部《しぶ》へ通《かよ》っておられましたけれども、夫婦揃《ふうふそろ》うて行《ゆ》かなければ治《なお》らぬと言われるのですから、仕方《しかた》がないのでだんだんと足が遠《とお》のいて来たのであります。

妻《つま》が良人《おっと》に随《つ》いて来た

ところが或日《あるひ》のこと、その奥さまが生長《せいちょう》の家《いえ》のパンフレットをふと偶然《ぐうぜん》夫《おっと》の机《つくえ》の上《うえ》で見附《みつ》け出《だ》されました。それは『無限生命《むげんせいめい》の泉《いずみ》』という僅《わず》か五銭《せん》の

頭注版㉙一七四頁

『無限生命の泉』 昭和七年刊。初版革表紙版『生命の實相』の一部を抜き出してパンフレットとした『生長の家叢書』全十一冊のうちの一冊

五銭 現在の約百～百五十円に相当する

生長《せいちょう》の家《いえ》のパンフレットでありました。奥《おく》さんはその日《ひ》どういうものか、そのパンフレットを披《ひら》いてごらんになって、ちょうど三分《ぶん》の二位《ぐらい》お読みになったそうであります。それは『生命《せいめい》の實相《じっそう》』の一部分《ぶぶん》だけを六十四頁《ページ》の菊半截《きくはんせつ》の小さなパンフレットにしたものですが、それを三分の二位《ぐらい》お読みになったときに気《き》が附《つ》いてみると、今《いま》までの病気《びょうき》が突然《とつぜん》消えてしまった。良人《おっと》の方《かた》から承《うけたまわ》った通《とお》りの受売《うけうり》ですから詳《くわ》しいことは知りませんが、何《なん》でも今まで心臓《しんぞう》が普段《ふだん》でも百三十から打っておったところの脈搏《みゃくはく》が当《あた》り前《まえ》になり、眼球《がんきゅう》が強度《きょうど》の近眼《きんがん》みたいに飛出《とびだ》しておったのが引込《ひっこ》んでしまい、頸《けい》部《ぶ》の甲状腺《こうじょうせん》の腫《は》れているのも治《なお》ってしまったのであります。そこへ御主人《ごしゅじん》が中等学校《ちゅうとうがっこう》から帰って来《こ》られまして、そうして奥《おく》さまの顔《かお》を見るとすっかり人相《にんそう》が変《かわ》っている。今まで眼球が飛出《とびだ》して、ぎらぎら光るとても物凄《ものすご》い目《め》玉《だま》をしておられたのが非常《ひじょう》に可愛《かわい》い目附《めつき》の奥さまになっておられるわけです。(笑声《しょうせい》)それで、「お前一体《まえいったい》どうした。お前の病気は治《なお》っているじゃな

菊半截　書籍の判型の一つ。A6判よりやや大きい。「きくはんさい」とも読む
承る　伝え聞く
受売　他人の考えを自分の考えのように述べること
頸部　くび

いか。人相《にんそう》がスッカリ変《かわ》っている」と問《と》い掛《か》けますと、「実《じつ》は私はあんたの留守《るす》の間《あいだ》にあんたの机《つくえ》の上《うえ》にあった本を一冊《さつ》の三分《ぶん》の二読みました。そしたら急《きゅう》に私の病気《びょうき》がすっかり消えてしまいました」とこういう返事《へんじ》なんです。無論《むろん》、頸部《けいぶ》の甲状腺《こうじょうせん》の腫《は》れも心臓《しんぞう》の動悸《どうき》の激《はげ》しさも忽然消滅《こつねんしょうめつ》したのであります。

キリシタンバテレンの法《ほう》の原理解説《げんりかいせつ》

こんな話をしますと、何《なん》だか神秘《しんぴ》めかしいようで、キリシタンバテレンの法みたいな(笑声《しょうせい》)とも思われますし、或《あるい》は、そのパンフレットという御守《おまもり》さんみたいな五銭《せん》の薄《うす》ッぺらな本が病気を治《なお》したようにお考えになるかも知れないけれども、決《けっ》して紙を綴《つづ》った本が治《なお》したり印刷《いんさつ》が治《なお》したりするのではないのです。本当《ほんとう》はその奥《おく》さまの心持《こころもち》が変《かわ》ったのです。奥さまの心持《こころもち》が変《かわ》

忽然　にわかに。たちまち

頭注版㉙一七五頁

キリシタンバテレン　日本にキリスト教が伝わった頃のキリスト教およびキリスト教徒の称

った。どういうふうに変《かわ》ったかと申《もう》しますと、ここに生長《せいちょう》の家《いえ》の（革表紙《かわびょうし》の聖典《せいてん》を示す）『生命《せいめい》の實相《じっそう》』という聖典がございますが、この『生命《せいめい》の實相《じっそう》』の巻頭《かんとう》にどう書いてあるかと言いますと、第《だい》一頁《ページ》に「汝《なんじ》ら天地一切《てんちいっさい》のものと和解《わかい》せよ」とこう書いてある。そして「天地一切のものと和解せよ」というのはどういう意味《いみ》であるかというと、

「本当《ほんとう》の和解は互《たがい》に恢《こら》え合《あ》ったり、我慢《がまん》し合《あ》ったりするのでは得《え》られぬ。恢《こら》えたり我慢《がまん》しているのでは心の奥底《おくそこ》で和解していぬ。感謝《かんしゃ》し合ったとき、本当の和解が成立《せいりつ》する。神に感謝しても天地万物《てんちばんぶつ》に感謝せぬものは天地万物と和解が成立せぬ。天地万物との和解が成立せねば、神は助けとうても、争《あらそ》いの念波《ねんぱ》は神の救《すく》いの念波《ねんぱ》を能《よ》う受けぬ。皇恩《こうおん》に感謝せよ。汝《なんじ》の父母《ちちはは》に感謝せよ。汝《なんじ》の夫《おっと》又《また》は妻《つま》に感謝せよ。汝《なんじ》の子に感謝せよ。汝の召使《めしつかい》に感謝せよ。一切《いっさい》の人々《ひとびと》に感謝せよ。天地《てんち》の万物《すべてのもの》に感謝せよ。その感謝の念《ねん》の中《うち》にこそ

革表紙の聖典　昭和七年一月刊。創刊後二年分の『生長の家』誌の内容を結集した最初の『生命の實相』を指す

皇恩　天皇陛下からいただいている恩恵

汝《なんじ》はわが姿《すがた》を見《み》、わが救《すくい》を受けるであろう。われは全《すべ》ての総《すべ》てであるから、すべてと和解《わかい》したものの中《なか》にのみわれはいる。」

こういうふうに『生命《せいめい》の實相《じっそう》』の巻頭《かんとう》に書いてあるのであります。つまりこの「天地一切《てんちいっさい》と和解する」ということが生長《せいちょう》の家《いえ》の根本義《こんぽんぎ》になっている。みんなと仲良《なかよ》くするということであります。

ところが「ひとのみち」では、この奥《おく》さまがお出《い》でになりましても病気《びょうき》が治《なお》らなかったのはどういうわけであるかというと——必《かなら》ずしも人《ひと》の道教団《みちきょうだん》がわるいというのではないのです。その奥様《おくさま》の心が夫《おっと》と和解していなかったから自分《じぶん》のバセドー氏病《しびょう》が治《なお》らなかったのです。「あんたも、私と一緒《いっしょ》にひとのみち教《きょう》へ入 教《にゅうきょう》してくれたら治《なお》るのに……」こう思って夫に対《たい》して、うらみがましい、腹立《はらだ》たしい気持《きもち》を持っておられたのです。ところが御主人《ごしゅじん》の方《ほう》はどうかと言うと「お前《まえ》こそ生長の家の聖典《せいてん》『生命《せいめい》の實相《じっそう》』を読んだら治《なお》

根本義　おおもとの原理。本義

るじゃないか、ひとのみちなんか行《い》ったって治《なお》るものか。」こういうふうな気持《きもち》を持っていて、両方《りょうほう》で喧嘩《けんか》しておられたのです。心の中《なか》に争《あらそ》いがあってそれでいくら「ひとのみち教団《きょうだん》」に行《い》ったとて治《なお》らないのです。「ひとのみち教団」でもやはり、病気《びょうき》は心の間違《まちがい》から出ているのであると説《と》く。それを神様《かみさま》が「お前《まえ》は心の持方《もちかた》が悪いぞ。だから病気にしてやるぞ」と神示《みしらせ》になるのが病気である、こういう具合《ぐあい》に説いております。「生長《せいちょう》の家《いえ》」では別《べつ》に神様が罰当《ばちあ》てるとか、病気にして神示《みしらせ》するんだとは言いません。そういうふうに神様を罰当《ばちあ》てるような残酷《ざんこく》なやり方《かた》をなさる方《かた》だとは申《もう》しません。その代《かわ》りこう申します。「三界《さんがい》は唯心《ゆいしん》の所現《しょげん》であって、肉体《にくたい》は本来無《ほんらいな》いものであって心の投影《とうえい》が出ているのである。自分《じぶん》の心が争《あらそ》うような心、不平不満足《ふへいふまんぞく》な心、はげしい心、そういうものを持っておったらそれ相応《そうおう》の象《かたち》が出《で》て来《く》る。」こんな甲状腺《こうじょうせん》が腫《は》れて来《く》るというのは、要《よう》するに自分の心が脹《ふく》れるような心を持っておったのです。夫《おっと》に対《たい》して不平不満足なそういうふうな心《こころ》

三界は唯心の所現 仏教語。一切衆生が輪廻する欲界・色界・無色界の三つの世界の全ての事象は心の現れであるということ

持《もち》をきっとお持ちになっておったに違《ちが》いないと思うのであります。もし「ひとのみち教団《きょうだん》」の教祖《きょうそ》が御神宣《ごしんせん》を書かれたとしましたならば、もしその教祖が本当《ほんとう》に偉《えら》い教祖《ひと》でありましたならば、きっとこの場合《ばあい》には「夫婦仲良《ふうふなかよ》くせよ」というふうな意味《いみ》の御神宣《ごしんせん》を書いておられたであろうと思うのです。或《あるい》は「ぶつぶつ膨《ふく》れません」とか何《なん》とかいうふうなことを、その御神宣《ごしんせん》の中《なか》に書いておられたに違いないのです。ところが、その「ぶつぶつした心を起《おこ》しません」と、こういう具合《ぐあい》に御神宣《ごしんせん》に書いてあっても、それを実行《じっこう》しようと思っても、むらむらとぶつぶつと膨《ふく》れる心、不平不満足《ふへいふまんぞく》の心が起《おこ》って来るのを吾々《われわれ》は如何《いかん》せんやであります。そこが難《むつ》かしいのです。「ひとのみち」は宗教《しゅうきょう》であるか修養《しゅうよう》であるかは知りませんけれども、ともかく心の中《なか》からむらむらと湧出《わきで》て来《く》る不平不満足、この心根《こころね》を一所懸命《いっしょけんめい》、生命《いのち》がけの努力《どりょく》で抑《おさ》えて行《ゆ》くと言っても、これは中々難《なかなかむつ》かしいことであります。今《いま》ここに読まして戴《いただ》きました通《とお》り、「本当《ほんとう》の和解《わかい》というものは怺《こら》え合《あ》ったり我慢《がまん》したりし

如何せんや　どうしたらいいだろうか。どうすることもできない

ているのでは得《え》られぬ」と書いてある。それで夫《おっと》に対《たい》して不平不満足《ふへいふまんぞく》であって、「その不平不満足がわるいのですよ」とこう言って折角《せっかく》「ひとのみち」の先生《せんせい》から教《おしえ》を戴《いただ》いても、「わるいから抑《おさ》えよう、怺《こら》えよう、抑えよう」と、その怺《こら》えたり抑えたりしている限《かぎ》りに於《おい》ては、それでは、本当《ほんとう》の和解《わかい》は得《え》られぬわけなのであります。そこに「ひとのみち」の御神宣《ごしんせん》がいくら正しくても、この奥《おく》さまの病気《びょうき》の治《なお》らなかった原因《げんいん》があるのであります。

ところがこの奥様《おくさま》がその薄《うす》っぺらな『生命《せいめい》の實相《じっそう》』の分冊《ぶんさつ》を三分《ぶん》の二お読みになりました時《とき》に、忽然《こつねん》としてその心境《しんきょう》が開《ひら》けたのです。心が開《ひら》けて「ここに眼《め》の前《まえ》にこんな立派《りっぱ》なものがあり、それを夫が勧《すす》めて下《くだ》さっていたのに、それを排斥《はいせき》してよそへ行《ゆ》けばよいものがあるかと思って、よそに救《すく》いを求めていた。ああ私は今《いま》まで夫に対して反抗《はんこう》の心を持っておった。申訳《もうしわけ》なかった」という懺悔《ざんげ》の気持《きもち》になられたのであります。今迄《いままで》本を読んで病気が治《なお》るなどと言われても、そんな馬鹿《ばか》なことがあるものかと思って、反抗の

懺悔　犯した罪を自覚して悔い改め、行いを改めること

心を以《もっ》て、最初《さいしょ》は夫《おっと》が生長《せいちょう》の家《いえ》を勧《すす》めてくれたにかかわらず、自分《じぶん》は「ひとのみち」の方《ほう》へ行《い》っておったのは、明《あきら》かに夫と和解《わかい》していないという事《こと》にお気がつきになったのであります。そうすると忽然《こつねん》として、医学界《いがくかい》では外《げ》科手術《かしゅじゅつ》より他《ほか》に治《なお》す道《みち》はないと言われているところのバセドー氏病《しびょう》が治《なお》ってしまったのであります。この頸《くび》のところにあるバセドー氏腺《しせん》──甲状腺《こうじょうせん》──から出る内分泌《ホルモン》が吾々《われわれ》の感情《かんじょう》の昂奮《こうふん》によって非常《ひじょう》に影響《えいきょう》されるものであるということは医者《いしゃ》も言っているのであります。妻《つま》が夫に対《たい》して激《はげ》しい嫉《しっ》妬心《としん》を持続《じぞく》したり、夫婦喧嘩《ふうふげんか》をしたような後《あと》に、突然又《とつぜんまた》は徐々《じょじょ》に頸部《けいぶ》が腫《ふく》れ出《だ》して来《き》て、バセドー氏病を惹起《ひきおこ》すということはしばしばあるのであります。

心の持方《もちかた》が肉体《にくたい》に現《あらわ》れるのは神罰《しんばつ》に非《あら》ず

激《はげ》しい嫉妬心《しっとしん》を起《おこ》したり夫婦争《ふうふあらそ》いをしたならば、どういうわけでそういう病気《びょうき》が起《おこ》るかと申《もう》しますと、生長《せいちょう》の家《いえ》では「神様《かみさま》が神示《みしらせ》して下《くだ》さるのだ」とは説《と》かないのであります。又《また》神が人間《にんげん》を不完全《ふかんぜん》に造《つく》っておいてその心の持《もち》方《かた》が悪いからとて神罰《しんばつ》を当てたり、殺してしまったり、そんな残酷《ざんこく》な処置《しょち》をするような神様であるとは生長の家では言わないのであります。では心の持《もち》方《かた》が肉体に現《あらわ》れて来《く》るこのような事実《じじつ》を「生長の家」ではどう観《み》るかと申しますと、要《よう》するに、この世《よ》は幻《まぼろし》のような世界《せかい》である、本来空《ほんらいくう》であって、心の相《すがた》が形《かたち》に現《あらわ》れている世界である、この五官《ごかん》で見えるのは現象世界《げんしょうせかい》、即《すなわ》ちアラワレの世界である、肉体もその中《なか》の一部でありまして、自分《じぶん》の念《こころ》の相《すがた》が自分の心から放送《ほうそう》される念波《ねんぱ》の相《すがた》が、いわばラジオの波動《はどう》みたいなものが、

頭注版㉙一八〇頁

五蘊《ごうん》という一種《しゅ》のテレビジョン装置《そうち》に掛《かか》って、こういうふうな肉体《にくたい》の相《すがた》を現《あらわ》していると、こういうように説《と》くのであります。ですから、自分《じぶん》の心から放《ほう》射《しゃ》するところの念波《ねんぱ》、自分の心から放送《ほうそう》するところの念の響《こころひびき》というものが変《かわ》ってしまったならば、テレビジョンに映《えい》ずるところのこの肉体の相《すがた》というものも変《かわ》ってしまうのであります。だから肉体というものは、こんな確固《かっこ》とした姿《すがた》に見えているけれどもそうではない、ただ五蘊《ごうん》との相対関係上《そうたいかんけいじょう》そう見えているのであります。「生長《せいちょう》の家《いえ》」で肉体は本来無《ほんらいな》いと言うのはそういう意味《いみ》であります。ラジオの装置《そうち》にアナウンサーが喋《しゃべ》っているようなものである。ここにラジオの装置があって、ここでアナウンサーの声《こえ》が聞《きこ》えておりましても、ここにはアナウンサーはおらないのです。もしこれがラジオ装置兼《けん》テレビジョン装置であれば、アナウンサーの顔《かお》がここに見えるかも知れない。形《かたち》に見え、動くに従《したが》ってその話すところの言葉が聞《きこ》えようとも、アナウンサーは必《かなら》ずしもそこにいないのであって、それは放送された波《なみ》が一《ひと》つのラ

五蘊　すべての存在を構成する「色受想行識」の五つの要素の集まりを指す。本全集第二十巻「万教帰一篇」中巻第三章一五二頁参照

相対関係上　他のものとの比較において、そうであること

ジオ・セットという「縁《えん》」に触《ふ》れて、そこに形《かたち》を現《あらわ》し声《こえ》を出しているに過《す》ぎない。吾々《われわれ》の肉体《にくたい》というものもここにあるように見えておるが、テレビジョン装置《そうち》に見える一種《しゅ》のラジオ波《は》のようなものであって、ここに確固《かっこ》としてあるような相《すがた》を現《あらわ》しているけれども、本当《ほんとう》は心の波《なみ》で、心の波が或《あ》る縁《えん》に触れて、そうしてこういうふうな相《すがた》を現《あらわ》しているに過ぎないのです。ですから、放送《ほうそう》するところの心の波を変《か》えてしまった時《とき》には、たちまちにして自分《じぶん》の病《びょう》気《き》というものが治《なお》ってしまう。或《あるい》は運命《うんめい》も変《かわ》ってしまうのであります。そういうふうな原理《げんり》で病気が治《なお》り幸福《こうふく》が来《く》るというようなことが起《おこ》るので、神様《かみさま》が一々《いちいち》の行為《こうい》や心に対して審判《しんぱん》を下《くだ》して懲罰《みせしめ》せられるのではないのであります。

　ところが、「ひとのみち教団《きょうだん》」に於《おい》て、この奥様《おくさま》に対《たい》して「夫婦一緒《ふうふいっしょ》にやって来《こ》い」と言ったところは、流石《さすが》に「ひとのみち」の善《よ》いところであります。夫婦一緒にやって来《く》るほどに夫婦が調和《ちょうわ》していたなら、この奥様の病気は「ひとのみち」でだって治《なお》ったに違《ちが》いないのです。ところが、「ひとのみち」へは夫《おっと》の方《ほう》が随《つ》いて行《ゆ》かなかった。そこで奥《おく》さまの方《ほう》が、『生命《せいめい》の實相《じっそう》』の分冊《ぶんさつ》を読んで「なるほど今《いま》までの私の心の持方《もちかた》が間違《まちが》っていた」というので、奥さまの方《ほう》が随《つ》いて来《き》たのであります。こうして夫婦《ふうふ》の心が調和《ちょうわ》したから治《なお》った。換言《かんげん》すればその家庭《かてい》に調和の精神波動《バイブレーション》、大調和《だいちょうわ》の心的《しんてき》ラジオ波《は》が起《おこ》ったのであります。そのために縁《えん》に触《ふ》れて現《あらわ》れているところの肉体《にくたい》の相《すがた》がたちまち変《かわ》って来《き》てバセドー氏病《しびょう》が治《なお》ったのであります。

仏教《ぶっきょう》でも、御承知《ごしょうち》の通《とお》り『維摩経《ゆいまきょう》』には「是《こ》の身《み》は幻《まぼろし》の如《ごと》く顚倒《てんどう》より起《おこ》る」とあり、『般若経《はんにゃきょう》』には「色即是空《しきそくぜくう》」とあり、結局《けっきょく》「肉体本来無《にくたいほんらいなし》」ということを説《と》いているのであります。肉体は因縁《いんねん》が仮《か》りに和合《わごう》して出来《でき》たところの仮《か》りの存在《そんざい》であって本当《ほんとう》のものでないということを仏教で説いているのです。「生長《せいちょう》の家《いえ》」の説くところは、何《なに》も仏教と異《ちが》わない、或《あるい》は他《た》のキリスト教《きょう》とも異《ちが》わない、おそらく神示《みしらせ》とか神罰《しんばつ》とか教祖《きょうそ》のみ天人合一《てんじんごういつ》とか説く点《てん》

『維摩経』　『維摩詰所説経』の略。在家信者の維摩と釈迦の弟子・文殊菩薩との問答形式

顚倒　逆さまになること

『般若経』　般若波羅蜜（菩薩の修行）を説く大乗仏教経典群の総称。それらを集大成した『大般若経』の精髄を二六二文字にまとめたものが『般若心経』といわれる

色即是空　仏教語。すべての形あるものは仮のものであり本当はないということ

因縁　物事が生ずる直接的原因である「因」と間接的条件である「縁」によって結果が生ずること

天人合一　天と人とが本来一体のものであるとする思想。儒家や道家などによって探究された

を除《のぞ》いては「ひとのみち」とも異《ちが》わないであろうと思うのであります。またその他《た》の諸派《しょは》の神道《しんとう》とも異《ちが》わないはずであります。

人類無罪宣言《じんるいむざいせんげん》

キリスト教《きょう》の教祖《きょうそ》であるイエスはどういうふうに説《と》いたかと言うと「汝《なんじ》の罪赦《つみゆる》されたり、起《た》ちて歩《あゆ》め。」こう言われた。「汝《なんじ》の罪赦《ゆる》されたり、起《た》ちて歩め」とこう言われたら、ちゃんと中風《ちゅうぶう》のような病気《びょうき》が治《なお》って起《た》って歩いたと聖書《せいしょ》に書いてあります。又《また》、その他《た》の色々《いろいろ》の病気を治《なお》しておられますが、聖書に記録《きろく》されているその治病《ちびょう》の奇蹟《きせき》を拝見致《はいけんいた》しますと、罪が病気の因《もと》である、罪の観念《かんねん》が因《たね》になって病気というものが現《あらわ》れているのである――こういうイエスの病気観《びょうきかん》というものが窺《うかが》われるのであります。だから、「お前《まえ》の病気治《なお》れ」と言われたのではないのであって、「汝《なんじ》の罪赦《ゆる》されたり、起《た》ちて歩

諸派の神道　幕末に興り、明治期に公認された教派神道十三派。大本教、天理教、黒住教、金光教などがある

頭注版㉙一八三頁

「汝の罪…」　『新約聖書』「マタイ伝」第九章、「マルコ伝」第二章、「ルカ伝」第五章にあるキリストの言葉

中風　脳卒中の後遺症である半身不随、手足の麻痺、言語障害などの症状

め」こう言われたのであります。そうするとイエスの確信《かくしん》に満《み》ちた言葉の力《ちから》によって、病人《びょうにん》の心の中《なか》にあって内部《ないぶ》から自己処罰《じこしょばつ》の形《かたち》で病気《びょうき》を起《おこ》していたところの罪《つみ》の悩《なや》みがスカッと消えてしまったのです。スカッと罪の悩みが消えてしまうと同時《どうじ》に、その人《ひと》の病気が治《なお》ってしまった。かくの如《ごと》く、キリストが病気を治《なお》したのは罪の観念《かんねん》を取去《とりさ》ることによってである。それは人類《じんるい》無罪宣言《むざいせんげん》である。無罪宣言と申《もう》しましても、法律上《ほうりつじょう》の罪のことではありません。宗教上《しゅうきょうじょう》、道徳上《どうとくじょう》の良心《りょうしん》の審判《さばき》に関係《かんけい》した罪を言うのであります。生長《せいちょう》の家《いえ》でも、イエスの病気観《びょうきかん》と同じく、病気というものは罪の所現《しょげん》である、こういう具合《ぐあい》に説《と》くのであります。

自己処罰　罪悪感を消したい衝動によって、自分自身で自己を処罰しようとすること

罪とは何《なん》であるか

頭注版㉙一八四頁

罪とは何《なん》であるかと言うと、実相《じっそう》を包《つつ》み隠《かく》すものを「包み」即《すなわ》ちツミで

あるというのであります。実相《じっそう》と言うと「モノ」の本当《ほんとう》の相《すがた》のことであります。ここに『生命《せいめい》の實相《じっそう》』という本がありますが、これは生命《せいめい》の本当の相《すがた》であるとしますと、これを覆《おお》い隠《かく》しているところの風呂敷《ふろしき》みたいなものが「罪《つみ》」である。罪の語源《ごげん》を調べてみますと、「罪」と言うものは「包《つつ》む」という事《こと》、或《あるい》は「積《つ》む」ということであります。「ツ」という音韻《おんいん》そのものに、一《ひと》つのものに別《べつ》のものが重《かさ》なり合《あ》う、積重《つみかさ》なる意味《いみ》を持っているので、繋《つな》がり合《あ》う、積上《つみあ》げる、続く、繋《つな》がる、皆《みな》「ツ」という音韻《おんいん》を持っているので、一つの物《もの》の上《うえ》に他《ほか》のものが重なることを意味するのが「ツ」という言葉であります。そこで、この「罪」というのは何《なん》であるかというと、本来《ほんらい》の生《せい》命《めい》がある、その生命《せいめい》の実相《ほんとのすがた》の上《うえ》へ他《ほか》のものが積重《つみかさ》なっている。風呂敷包《ふろしきづつみ》みたいに包んでいる。「包《つつみ》」も、「積《つみ》」も、「罪」も同じ語源《ごげん》なのです。その「包《つつみ》」の現《あらわ》れが病気《びょうき》である、病気というのは吾々《われわれ》の生命《せいめい》の実相《ほんもの》が病《や》んでいるのではなくして、生命《せいめい》の実相《ほんもの》の表面《ひょうめん》にある迷《まよい》の雲が病《や》んでいるのでありま

音韻　音とひびき。言葉のもとになる音声

す。

このように「罪《つみ》」とは何《なん》であるかというと、吾々《われわれ》の実相《ほんもの》でないものである。吾々《われわれ》の実相《ほんもの》は「神の子」であり、「仏《ほとけ》の子」であり、本来清浄円満完全《ほんらいしょうじょうえんまんかんぜん》なるところのものであります。本来完全であり、本来円満であり、本来清浄《しょうじょう》であるところの自分《じぶん》の実相《じっそう》を悟《さと》らずして、実相《じっそう》と異《ちが》う念波《ねんぱ》を出して、その念波《ねんぱ》が周囲《しゅうい》に蜃気楼《しんきろう》のように、水晶球《すいしょうきゅう》の表面《ひょうめん》にたまった水蒸気《すいじょうき》の凝結《ぎょうけつ》のように表面を包《つつ》んでいるところのものが、これが「罪」であります。

しかし、この「罪」というものは、本来あるかというと、ないのです。本来、罪というものはあるように見えてもない、これが生長《せいちょう》の家《いえ》の説《と》くところであります。今《いま》までの多くの宗教《しゅうきょう》では、「罪」というものを以《もっ》て人《ひと》を威嚇《いかく》したのです。「お前《まえ》はこういう罪があるから本山《ほんざん》へたくさんお金《かね》を納《おさ》めなければ赦《ゆる》されないぞ、病気《びょうき》になるぞ、お前一人《ひとり》だけでない、家族《かぞく》もなるぞ。」こういう具合《ぐあい》に威嚇《いかく》した場合《ばあい》が多いのであります。或《あるい》は現世《げんぜ》のことを言わな

清浄　清らかでけがれのないこと

蜃気楼　下層大気の著しい温度差によって空気密度に差が生じて起こる光の異常屈折現象。海上などで水平線の向こうに景色が浮き上がって見えたりする

凝結　水蒸気が水になること。気体が液体になること

威嚇　威力を相手に示しておどすこと

本山　一つの宗教団体の中心施設。または全体を統括するところ

現世　いま現在生きている世界。この世

い場合《ばあい》には「お前《まえ》は罪《つみ》が深いから本山《ほんざん》へしっかり持って行《ゆ》かなければ、極楽《ごくらく》の特等席《とくとうせき》へはやってやるわけに行《ゆ》かぬぞ。」布教《ふきょう》の方便《ほうべん》も混《まじ》ってはいましょうが、そういうふうな説《と》き方《かた》をする宗団《しゅうだん》が多かったのであります。

世界《せかい》唯一《ゆいいつ》明朗《めいろう》宗教《しゅうきょう》の出現《しゅつげん》

ところが生長《せいちょう》の家《いえ》では「罪というものはあるように見えても、そんなものは無《な》いのであるから安心《あんしん》せよ」と、こういうのです。ここに「罪」の威《い》嚇《かく》のない、「罪」の悩《なや》みのない、世界唯一の明朗宗教が出現したのであります。「罪」が存在《そんざい》しないという根拠《こんきょ》はどこにあるかというと、この世界《せかい》の総《すべ》てのものは神に造《つく》られたのである、神は絶対《ぜったい》である、対立《たいりつ》を許《ゆる》さない。神は絶対であって神のみ在《いま》す世界である。そうして、神は完全《かんぜん》である。神は完全でありますから、完全なる神が絶対に包《つつ》んでおられるところのこの世界、全《ぜん》

方便　仏教語。衆生を仏道に導くために便宜的に用いる手段

頭注版㉙一八五頁

明朗　明るく朗らかなこと

在す　いらっしゃる

宇宙《うちゅう》に於《お》いては罪《つみ》などという不完全《ふかんぜん》なものが有《あ》りようがないのです。犯《おか》される罪もなければ、報《むく》いらるべき罰《ばつ》もないのです。これが生長《せいちょう》の家《いえ》の根本観《こんぽんかん》念《ねん》でありますが、これが本当《ほんとう》にわかった時《とき》に、キリストが「汝《なんじ》の罪赦《ゆる》されたり、起《た》ちて歩め」こう言われて、病人《びょうにん》が即座《そくざ》に起《た》ったような現象《げんしょう》が起《おこ》るのであります。

今《いま》まで吾々《われわれ》は「罪がある、罪がある」と、道徳的《どうとくてき》にも宗教的《しゅうきょうてき》にも方々《ほうぼう》から威嚇《いかく》されて戦々兢々《せんせんきょうきょう》としておったのです。常《つね》に神の審判《さばき》に恐《おそ》れ戦《おのの》いて、その戦々兢々《せんせんきょうきょう》とした恐怖《きょうふ》の心の現《あらわ》れが人類《じんるい》の病気《びょうき》の大《おお》いなる因《いん》であったのです。こう申《もう》しますと、「私は無信仰《むしんこう》であるから、そんなに宗教《しゅうきょう》に脅迫《きょうはく》された覚《おぼ》えはないのに病気になった」こう反駁《はんばく》なさる人《ひと》があるかも知れない。けれども、吾々人類《われわれじんるい》が罪という観念《かんねん》によって威嚇《いかく》されていることは実《じつ》に恐《おそ》ろしいものなのです。多くの宗教家《しゅうきょうか》が、街頭《がいとう》に立って或《あるい》は演壇《えんだん》に立って何《なに》を言っているかというと「罪悪深重《ざいあくじんじゅう》の凡夫《ぼんぷ》よ」と言っている。或《あるい》は「汝《なんじ》ら罪《つみ》

戦々兢々　おそれてびくびくするさま

反駁　他人の意見に反論すること

罪悪深重の凡夫　罪深く、迷いの中にいる人。親鸞の教えを記した『歎異鈔』にある言葉

人《びと》よ、ゲヘナの火を恐《おそ》れよ」などと言っている。しかしそういう説教《せっきょう》をまだ聞かぬ人《ひと》もありますけれども吾々《われわれ》は先祖代々《せんぞだいだい》からそういうふうなことをずっと聞かされて来《き》たのであって、祖先《そせん》からズッと罪《つみ》の意識《いしき》が潜在意識《せんざいいしき》に伝わり伝わりして来たのであって、誰《たれ》の胸底《きょうてい》にも「罪がある」という大きな自覚《じかく》があるのであります。その為《ため》に、徳《とく》高き人格《じんかく》高き聖者《せいじゃ》は自分自身《じぶんじしん》の肉体《にくたい》を苦しめることや、物質的《ぶっしつてき》に窮乏《きゅうぼう》させることを以《もっ》て自分《じぶん》を浄《きよ》める方法《ほうほう》であると信じている場合《ばあい》が多いのであります。

ですから、生《うま》れつき宗教的《しゅうきょうてき》な高徳《こうとく》な方《かた》は今迄大抵《いままでたいてい》苦行《くぎょう》をした、断食《だんじき》をした、或《あるい》は水行《すいぎょう》をした。或《あるい》は貧乏《びんぼう》にならぬと神様《かみさま》に喜《よろこ》ばれないのであると思って素寒貧《すかんぴん》になった。素寒貧《すかんぴん》になって肉体に不自由《ふじゆう》せしむることが神様に喜ばれる事《こと》である、こういう具合《ぐあい》に思って、それを出来《でき》るだけ実行《じっこう》すべく努《つと》めて来《こ》られた。そこが又宗教家《またしゅうきょうか》の附込《つけこ》みどころで「お前達金《まえたちかね》を持っておったら神様から喜ばれないから、それを本山《ほんざん》へ出せ」などというような狡《ずる》い宗教

ゲヘナ gehenna 地獄を指す。『旧約聖書』「ヨシュア記」「列王紀」に記されたエルサレムの近くの谷の名に由来する。いけにえが捧げられ、悪人が死後罰せられる場所とされた

胸底 最も深い心の奥底

苦行 悟りを開くための苦しい修行

水行 心身の鍛練や神仏への祈願のため、水を浴びて身を浄める苦行

素寒貧 貧しくて何も持たないこと。無一文

家が出て来たのであります。ところが金《かね》というものがそんなに穢《きたな》いものなら、本山《ほんざん》へ持って行《い》ったら本山が穢《きたな》くなってしまう。それでは折角衆生《せっかくしゅじょう》を教化《きょうげ》するところの本山が穢《けが》れてしまうから、そんな金《かね》は受取《うけと》らないのであってこそ清《きよ》い本山なのです。金《かね》というものは何《なに》もそんな穢《きたな》いものではないのです。これは生長《せいちょう》の家《いえ》の発見《はっけん》です。聖書《せいしょ》には「富《とみ》と神とに兼《か》ねつかうること能《あた》わず」と書いてある。ですから、神様《かみさま》を信心《しんじん》する者《もの》は貧乏《びんぼう》にならなければ喜《よろこ》ばれないのであると考える人《ひと》があります。そうして教会《きょうかい》へ往《い》って聖書《せいしょ》の講義《こうぎ》を聴《き》いていると、やはりそういう具合《ぐあい》に先生《せんせい》がお説《と》きになる。感心《かんしん》して家《いえ》へ帰って来《き》て何《なに》をするかと言うと、月給《げっきゅう》の上《あが》ることを考える、或《あるい》は商《しょう》売《ばい》が繁昌《はんじょう》することを考える。教会で感心して来た時《とき》と、家《いえ》へ帰って来て商売したり、会社《かいしゃ》に出勤《しゅっきん》した時とは、別《べつ》の二重人格的《にじゅうじんかくてき》な働《はたらき》をしなければならない。こういう宗教《しゅうきょう》と生活《せいかつ》とが分離《ぶんり》していたのが今《いま》までの既成宗教《きせいしゅうきょう》だったのであります。

衆生　仏教語。この世の生命あるすべて

教化　仏教語。教えによって人々を導くこと

「富と神とに…」『新約聖書』「マタイ伝」第六章、「ルカ伝」第十六章にあるキリストの言葉

既成宗教　古くから信仰されている宗教。伝統的な仏教やキリスト教などを指す

宗教《しゅうきょう》の実際生活《じっさいせいかつ》との一致《いっち》

ところが、生長《せいちょう》の家《いえ》はそういうように宗教と日常生活《にちじょうせいかつ》というものと別々《べつべつ》に離《はな》してしまわないのであります。宗教が日常生活の中《なか》に生きるようでなければ本当《ほんとう》でない。宗教とは教会《きょうかい》で演説《えんぜつ》することではないのであります。宗教とは生きることである、こう生長の家では言っています。宗教とは生きることである。教会で説教《せっきょう》を聴《き》いたり、懺悔《ざんげ》したり、祈《いの》りをしたり、そして家《うち》へ帰って来《き》たら、また教会で教《おし》えられた教《おしえ》に背《そむ》いて、金儲《かねもう》けのことを考えて、罪《つみ》を造《つく》って、また教会で懺悔《ざんげ》をする快楽《かいらく》を味わう為《ため》に行《ゆ》くのが宗教ではないのであります。そういう感情《かんじょう》の遊戯《ゆうぎ》が宗教ではない。自分《じぶん》の生命《せいめい》を完全《かんぜん》に生《い》きることが本当《ほんとう》の宗教なのです。しかし、私は決《けっ》してキリスト教《きょう》を批難《ひなん》しているのではないのです。生長の家はキリスト自身《じしん》の教《おしえ》も生《い》かすので

頭注版㉙一八八頁

あって、今《いま》までの説《と》き方《かた》は不完全《ふかんぜん》であったのであります。尤《もっと》も、聖書《せいしょ》は色々《いろいろ》に説《と》けるのであります。色々に説ければこそキリスト教《きょう》の中《なか》にも色々の教派《きょうは》がある。メソジスト教会《きょうかい》もある、聖公会《せいこうかい》もある、ホーリネス教会もある。ホワイト・チャーチ、クリスチャン・サイエンスなどという変《かわ》った教派もあるわけです。ですから、聖書の解釈《かいしゃく》の仕方《しかた》に生長《せいちょう》の家《いえ》が一新機軸《しんきじく》を開《ひら》いたところが不思議《ふしぎ》がないのであります。ですから生長の家はキリストの教《おしえ》そのものを貶《けな》すのでも批《う》つのでもない、唯《た》だ生長の家はバイブルをかくの如《ごと》く解《かい》する、こういうのであります。

　では、バイブルに「神と富《とみ》とに兼《か》ねつかうること能《あた》わず」と書いてあるのをどう解釈するかと申《もう》しますと、それは現在《げんざい》の諸教会《しょきょうかい》の説《と》き方《かた》では、教会で教《おしえ》を説くときと、自宅《じたく》で金儲《かねもう》けの算盤《そろばん》を弾《はじ》くというときとにどうしても矛《む》盾《じゅん》を感《かん》ずるのであります。しかし吾々《われわれ》は一方《いっぽう》で神につかえ一方で算盤《そろばん》を弾《はじ》くそんな二重生活《にじゅうせいかつ》は出来《でき》ない、どうしても一元《いちげん》の生活《せいかつ》に還《かえ》らなければ心が落《おち》

メソジスト教会　プロテスタントの一派。一七二八年の信仰覚醒運動に始まる。イギリス国教会から分立して米国を中心に全世界に広まった。明治六年に日本に伝来した

聖公会　イギリス国教会の系統に属する教会。アングリカン・チャーチ

ホーリネス教会　大正六年に中田重治が創始。日本ホーリネス教会。日本で生まれた初めてのプロテスタントの教団

クリスチャン・サイエンス　Christian Science　一八六六年にボストン市に設立されたキリスト教団体。創始者はメリー・ベーカー・エディ

新機軸　今までのものと異なる新しい工夫や方法

批つ　批判する

バイブル　Bible　聖書

着《つ》かない。

神一元《かみいちげん》の教《おしえ》

では、一元《げん》の生活《せいかつ》に還《かえ》るにはどうしたらいいかと言うと、神の他《ほか》に富《とみ》があるなどという二元的《にげんてき》な考《かんが》え方《かた》を捨《す》てねばなりません。神は絶対者《ぜったいしゃ》である、一切《いっさい》の存在《もの》を覆《おお》うておられるのが神でありますのに、絶対者の他《ほか》に富《とみ》という存在《そんざい》があるように思っていたのです。神と富《とみ》とを対立《たいりつ》した存在《そんざい》のように思っている限《かぎ》りに於《おい》て、吾々《われわれ》は絶対者なる神を認《みと》めていないのです。これでは相対《そうたい》に過《す》ぎません。相対者《そうたいしゃ》として神を見る限りに於《おい》て、吾々《われわれ》は神を最《もっと》も大《おお》いなるものとは認めていないことになる、神を貶《けな》しているということになるのであります。

生長《せいちょう》の家《いえ》では神を最も偉大《いだい》に尊《とうと》ぶのです。神を絶対者として認めるので

算盤を弾く　損得を計算すること

一元　すべての物事の根源がただ一つであること　頭注版㉙一八九頁

二元的　物事が二つの異なった原理から成り立っていること

す。神のみ在《いま》す。この世界《せかい》には神のみ在《いま》すのであって、富《とみ》などというものが神の世界の外《ほか》に領地《りょうち》を有《も》っているのではないのであります。富《とみ》は神の中《なか》にある。富《とみ》は神なのです。或《あるい》はこんな机《つくえ》でも、コップでも本でも、悉《ことごと》く皆神様《みなかみさま》ならざるはない。みんな神様なのです。詳《くわ》しくいえばこれ等《ら》のものは神の恵《めぐ》みというもの、神の愛というもの、神の生《い》かす力《ちから》というもの、神の智慧《ちえ》というものがここに現《あらわ》れ、人《ひと》を通《とお》して現《あらわ》れて、吾々《われわれ》を生かさんが為《ため》に、生かさずにおかない愛の現《あらわ》れとして、こういう形《かたち》をしてここに現《あらわ》れておられるのであります。これらのものは悉《ことごと》く神様である、これも神様である、あれも神様である、みんな神様である……。

生長《せいちょう》の家《いえ》では「物質《ぶっしつ》は無《な》い」と言います。すると、「物質はこの通り肉眼《にくがん》に見えてあるじゃないか。この通り物質はあるのに、物質はないなんて乱暴《らんぼう》なことを言う、そういう常識《じょうしき》に反《はん》することを言うのは邪教《じゃきょう》である」と、こういって攻撃《こうげき》される人がある。けれども仏教《ぶっきょう》は、色即是空本来物質《しきそくぜくうほんらいぶっしつ》はないと

邪教　よこしまな教え。世に害毒を流す教え。多くはその宗教に反対する立場の人が用いる

説《と》いているのであります。「色《しき》」というのは物質《ぶっしつ》である。空《くう》というのは、変《へん》化《か》の相《すがた》であって本来《ほんらい》の相《すがた》が無《な》いということであります。物質は変化の相《すがた》であって本来の相《すがた》が無《な》い、これが色即是空《しきそくぜくう》である。しかし、色即是空《しきそくぜくう》と仏教語《ぶっきょうご》を使って言いましたところが、誰《たれ》も反対《はんたい》しませぬ代《かわ》りにそんなことは仏教《ぶっきょう》哲学《てつがく》だと思うだけであって吾々《われわれ》の実際生活《じっさいせいかつ》に触《ふ》れて来《こ》ないのであります。仏教が生活《せいかつ》と一《ひと》つにならないのです。ところが生長《せいちょう》の家《いえ》のように現代語《げんだいご》を使って「物質は無《な》い」とか「肉体《にくたい》は無《な》い」とか言ったら、実《じつ》に直接的《ちょくせつてき》に吾々《われわれ》の肺腑《はいふ》に押迫《おしせま》って来《く》るのであります。無論《むろん》、それだけ吾々《われわれ》に強く迫《せま》って来《き》ますから、それによって病気《びょうき》が治《なお》る人《ひと》もある。その代《かわ》りにまた反対《はんたい》して「そんな馬鹿《ばか》なことがあるか」という人も出《で》て来《く》るのです。「色即是空《しきそくぜくう》」と言ったら誰《たれ》も反対する人はない代《かわ》りに、ハッと思って病気の治《なお》るほど悟《さと》る人もないのです。ところが、物質は無《な》い、肉体は無《な》い、こういうようにはっきりと現《げん》代《だい》の言葉で、誰《たれ》にもわかる肺腑《はいふ》を衝《つ》く言葉で言われると「おや！」と思う。

肺腑　肺臓。心の奥底

今《いま》まで病気《びょうき》で苦しんでおった人《ひと》が「おや、自分《じぶん》は病気で苦しんでおったけれども、おや、この肉体《にくたい》は本来無《ほんらいな》いものだな」とこう気《き》が附《つ》くのです。「肉体は本来無《な》いのだ、本来無《な》い肉体が病気をするはずはない。今迄《いままで》肉体が病気だとか、何《なん》とか思っていたのは自分《じぶん》の心の間違《まちがい》であった」と、忽然《こつねん》として病気に対《たい》する自分の心の執著《しゅうじゃく》、恐怖心《きょうふしん》というようなものが除《と》れてしまうということになるのであります。その結果《けっか》は血液循環《けつえきじゅんかん》にも影響《えいきょう》して来《く》れば体内《たいない》の内分泌《ないぶんぴつ》にも影響して来るのであります。それで生長《せいちょう》の家《いえ》には二《ふた》つの根本的《こんぽんてき》真理《しんり》がある。その一《ひと》つは今申《いまもう》しました「物質《ぶっしつ》は無《な》い」ということです。「物質は無《な》い」ということを、もう一つ身近《みぢか》なもので言えば、「肉体本来無し」ということです。それから肉体があるので罪《つみ》を犯《おか》すのですが、肉体が本来無《な》ければ「罪も本来無《な》い」ということになるのです。今《いま》まで「罪、罪」と言って威《おど》されておったけれども、罪なんて無《な》いのだ、罪がある罪があると思って引掛《ひっかか》っておった間《あいだ》だけ罪があるのであって、心をその罪から離《はな》してしまった時《とき》には、もう罪《つみ》というものは無《な》いと、こういうのであります。

心を罪から離《はな》す方法《ほうほう》

その心を罪から離す方法はどうすれば好《よ》いか。その方法はこれ迄《まで》から色々《いろいろ》あるのです。念仏宗《ねんぶつしゅう》では「南無阿弥陀仏《なむあみだぶつ》」と称《とな》えることを勧《すす》める。「南無阿《なむあ》弥陀仏《みだぶつ》」と称《とな》えたら外《ほか》の雑行雑修《ぞうぎょうざっしゅ》は要《い》らぬ、いくら禅定《ぜんじょう》を凝《こ》らしたってそんなことでは極楽成仏出来《ごくらくじょうぶつでき》ない。極楽《ごくらく》に救《すく》い取《と》って戴《いただ》くのには「南無阿弥《なむあみ》陀仏《だぶつ》」と称《とな》えたらそれでいいのだ、阿弥陀仏《あみだぶつ》の慈悲《じひ》がどれほど広大《こうだい》なものであるかというその絶対無限《ぜったいむげん》の阿弥陀仏《あみだぶつ》の慈悲《じひ》ということさえ解《わか》ったならば、もう他《ほか》の、この行《ぎょう》はわるいとかこの行《ぎょう》はいいとか、そんな事《こと》考えるに及《およ》ばぬというのがこれが念仏《ねんぶつ》の教《おしえ》である。心を罪からカラリと一転《いってん》してしまって、じかに阿弥陀仏《あみだぶつ》の懐《ふところ》へパッと飛《と》び込《こ》む教《おしえ》である。その為《ため》の方便《ほうべん》に、南無《なむ》

頭注版㉙一九二頁

念仏宗　阿弥陀仏を信仰し、阿弥陀仏の名を称えるだけで浄土に往生できるとする宗派。浄土宗、浄土真宗、時宗、融通念仏宗など

「南無阿弥陀仏」　阿弥陀仏に帰依する意を表す言葉。浄土宗、浄土真宗などで称える

雑行雑修　浄土宗、浄土真宗で用いる言葉。最も重要な念仏以外の修行をすること

禅定　坐禅に同じ

阿弥陀仏《あみだぶつ》と称《とな》えたらそのまま極楽浄土《ごくらくじょうど》である。こういう具合《ぐあい》に説《と》かれているのであります。或《あるい》は聖道門《しょうどうもん》の教《おしえ》で坐禅《ざぜん》をしたり、或《あるい》は摩訶止観《まかしかん》をやったり、色々《いろいろ》やって、そうして自分《じぶん》の実相《じっそう》を観《み》るというふうなやり方《かた》がある。これはちょっと手間《てま》がかかるけれども、やはり罪《つみ》というものから心を振向《ふりむ》けて専心《せんしん》実相を念《ねん》ずるということによって、自分の実相即《すなわ》ち本当《ほんとう》の相《すがた》、「神なるもの」「仏《ほとけ》なるもの」と同体《どうたい》なる自分を見出《みいだ》すというので、心を罪から引離《ひきはな》して実相に振向《ふりむ》かしめる方法《ほうほう》であります。「ひとのみち」のお振替《ふりかえ》でもやはり同じ道理《どうり》だ。「御木徳一《みきとくはる》よろしく頼《たの》む、こう言って念《ねん》じたらかならずお前《まえ》の病気《びょうき》は治《なお》るのだ。」これは嘘《うそ》かも知れない。嘘《うそ》かも知れないけれども、信ずる人《ひと》にとってはこれは本当《ほんとう》である。「もう御木徳一《みきとくはる》に頼んだのだから、もう自分の罪は御木徳一《みきとくはる》に振替《ふりか》えられて消えたのである」と、こういう具合《ぐあい》に本当に深く信じて罪から心を離《はな》してしまったら、振替《ふりか》えられると否《いな》とは別《べつ》として「罪は本来無《ほんらいな》い」から消えてしまうのです。罪が消えたら罪の所現《あらわれ》であ

聖道門　阿弥陀仏の本願力による他力の浄土門に対し、自らの修行によって煩悩を断じてこの世で悟りを開こうとする考え方を指す

摩訶止観　天台宗の根本的な修行である坐禅と観法

専心　心を一つのことに集中させること

御木徳一　明治四～昭和十三年。「ひとのみち教団」の教祖

るところの病気《びょうき》が消えるということになります。キリスト教《きょう》では、罪《つみ》をキリストの十字架《じゅうじか》に振替《ふりか》えてもらうのです。振替《ふりか》えるというのは心をキリストの十字架《じゅうじか》に専念振向《せんねんふりむ》けることです。キリストは万人《ばんにん》の罪の身代《みがわ》りとして磔刑《はりつけ》にかかり給《たま》うたのである。だから、吾々《われわれ》の罪は既《すで》にキリストが贖《あがな》い給《たま》うたのである。いわばキリストは一切《いっさい》の罪の身代《みがわ》り者《もの》である。そのキリストと結びつきさえしたらこの自分《じぶん》の罪は身代《みがわ》りされてしまうのだ。だから「キリスト様《さま》！」とキリスト様の方《ほう》へ振向《ふりむ》いた時《とき》に吾々《われわれ》の罪は消えて「神の子」にせられる――こういうふうに説《と》いている。これがイエスの十字架《じゅうじか》の意義《いぎ》であって、「罪尚在《なおあ》り」との観念《かんねん》から心を振向《ふりむ》けて実相《じっそう》の方《ほう》へ振向《ふりむ》かせる一方法《ほうほう》なのであります。キリストというと二千年前《せんねんぜん》ユダヤに生《うま》れた一個《こ》の肉体的人間《にくたいてきにんげん》のようにのみ思っている人《ひと》もありますが、キリストは「ヨハネ伝《でん》」に書いてあるように「我《われ》は道《みち》なり真理《しんり》なり」こう言っておられる。決《けっ》して二千年前《ぜん》に出現《しゅつげん》せられたところの、そんな肉体人間《にくたいにんげん》ばかりのことではない。「我《われ》は道な

贖う　罪などのつぐないをする

り真理《しんり》なり」といわれたように真理即《すなわ》ち実相《じっそう》がキリストなのであります。キリストは一切《いっさい》の罪《つみ》の代償者《みがわり》なのであるからキリストの方《ほう》へ振向《ふりむ》けば罪は消えるという事《こと》は、実相の方《ほう》へ振向《ふりむ》けば実相には本来《ほんらい》罪がないから罪が消えるということを人格化《じんかくか》して行《おこな》ったのであります、罪は本来無《な》いから光《ひかり》の方《ほう》へはっきり振向《ふりむ》いて行《い》った時《とき》に、本来無《な》い罪というものは消えてしまう。これが宗《しゅう》教《きょう》の救《すく》いの原理《げんり》なのであって心を罪から振向《ふりむ》けた時に「罪本来無《な》い」から消えるのであります。

念仏宗《ねんぶつしゅう》や、聖道門《しょうどうもん》や、キリスト教《きょう》で罪の消える原理は判《わか》ったが、生長《せいちょう》の家《いえ》ではどういう具合《ぐあい》にして罪を消すかといいますと、「人間《にんげん》本来神の子肉体《にくたい》本来なし、罪本来無《な》し」という真理を『生命《せいめい》の實相《じっそう》』という本を読んで悟《さと》ることによって、罪が消えるのである。罪が消えたかどうかは、罪の現《あらわ》れであるところの病気《びょうき》又《また》は悩《なや》みの消滅《しょうめつ》によって間接《かんせつ》に証明《しょうめい》されるのであります。『生命《せいめい》の實相《じっそう》』の中《なか》には詳《くわ》しく諄々《じゅんじゅん》として「罪は本来無《な》いものである」と

諄々　よくわかるように、懇切に繰り返して説くこと

いう道理《どうり》が説《と》いてある。諄々《じゅんじゅん》として現代知識階級《げんだいちしきかいきゅう》の人《ひと》たちの頷《うなず》けるような実例《じつれい》を挙《あ》げて説いてあるから、知識《ちしき》に富《と》んだ人で、単《たん》に「南無阿弥陀仏《なむあみだぶつ》と唱《とな》えろ」とか「イエスキリストと呼《よ》べ」とか、「御木徳一《みきとくはる》に振替《ふりか》えてもらえ」とかいっても「そんな馬鹿《ばか》らしい簡単《かんたん》なことで救《すく》われるものか」と反抗《はんこう》している人でも容易《ようい》に頷《うなず》いて救われるのであります。今《いま》まで潜在意識《せんざいいしき》の奥底《おくそこ》で仏教的《ぶっきょうてき》にいえば「我《われ》は前世《ぜんせ》から色々《いろいろ》の悪業《あくごう》を積《つ》んで来《き》たのである。」キリスト教的《きょうてき》にいえば、「人類《じんるい》は生《うま》れる前《さき》の前《さき》から、『創世記《そうせいき》』の第《だい》二章《しょう》に書いてあるところのアダムの原罪《げんざい》というものがある」という。アダムの原罪というのはアダムが蛇《へび》に騙《だま》されて知恵《ちえ》の樹《こ》の実《み》を食べた為《ため》に、エデンの楽園《らくえん》から追放《ついほう》されてそのままでは救われないことをいうのですが、そういう原罪の観念《かんねん》に今迄縛《いままでしば》られていたのが、『生命《せいめい》の實相《じっそう》』を読んでいる中《うち》に「そんな罪《つみ》なんて無《な》いものである、人間《にんげん》は本来《ほんらい》神の子である、仏《ほとけ》の子である」ということがすっかりわかって人間が解放《かいほう》せられるのであります。聖書《せいしょ》の中《なか》に、「真理《しんり》は

前世　この世に生まれる前の世

悪業　仏教語。悪い結果を招く原因となる、身口意(しんくい)による悪い行い。また、前世で犯した悪事

『創世記』　『旧約聖書』の冒頭に収められている天地創造の物語。本全集第十九巻「万教帰一篇」上巻第一章参照

アダムの原罪　『創世記』第二章に記された人類の始祖アダムとイヴが神に背いて禁断の樹の実を口にした行為。子孫であるすべての人間は生まれながらにしてこの原罪を負っているとされる

「真理は汝を…」　『新約聖書』「ヨハネ伝」第八章にあるキリストの言葉

汝《なんじ》を自由《じゆう》ならしめん」と書いてあるのがそれです。吾々《われわれ》が今迄《いままで》「罪《つみ》」という本来無《ほんらいな》いものを「ある、ある」という念《ねん》によって拵《こしら》えておったのでありますから、『生命《せいめい》の實相《じっそう》』を読んで真理《しんり》を知って、「罪あり」という観念《かんねん》が除《と》れると同時《どうじ》に、罪は消え、罪の所現《あらわれ》であるところの、病気《びょうき》・不幸《ふこう》・災難《さいなん》・悩《なや》みというふうなものもみんな消えてしまう。人類《じんるい》がこの罪の観念及《およ》びその自己処《じこしょ》罰《ばつ》によって病気やら災難不幸を起《おこ》しているということは実《じつ》に夥《おびただ》しいものであります。

夥しい　数量がとても多い。程度がひどい

善人《ぜんにん》は何故《なぜ》病気になるか

頭注版㉙一九六頁

このように、善人ほど罪悪観《ざいあくかん》に鋭敏《えいびん》であって罪を恐《おそ》れているのであります。世間往々《せけんおうおう》、「神がこの世《よ》に在《いま》すならば善人がどうして病人《びょうにん》になりますか」という人《ひと》がある。「もしこの世に神様《かみさま》があったら、何故《なぜ》あんなに善良《ぜんりょう》な

鋭敏　物事を鋭く感じとるさま

道徳家《どうとくか》が病気《びょうき》になりますか」と反問《はんもん》する人《ひと》がある。「ひとのみち」で「あんたは心の持方《もちかた》が悪いから病気になったのだ」といわれて反抗《はんこう》し、天理教《てんりきょう》で「因縁《いんねん》が深いから、それで病気になったのだ」といわれて反抗し、「私は心の持方《もちかた》が悪いとか、因縁《いんねん》が深いとか色々《いろいろ》いわれるけれども、私は善人《ぜんにん》だ。絶対《ぜったい》善人ではないかも知れぬが普通《ふつう》の人よりも悪いことをした覚《おぼ》えはない。ところが、あそこにいるああいう奴《やつ》はとても悪い奴《やつ》であって、私なんか到底《とうてい》するに忍《しの》びない悪事《あくじ》を悠々《ゆうゆう》とやってのけて、それでいて健康《けんこう》で元気《げんき》でいるではないか。そんな悪人《あくにん》が元気で達者《たっしゃ》であって善人が病気でいるなんて、そんな世《せ》界《かい》に神様《かみさま》があるものか」というように反抗せられる無神論者《むしんろんしゃ》がありました。この無神論者の議論《ぎろん》は、或《あ》る一面《めん》から言えば至極尤《しごくもっと》ものことであります。神様が神罰《しんばつ》を下《くだ》し給《たま》うならば、もっと公平《こうへい》に下《くだ》し給《たま》うはずであります。しかし、神様は決《けっ》して罪《つみ》を罰《ばっ》するというふうなことはせられないのです。神様は無限《むげん》の愛なのです。聖書《せいしょ》にはどう書いてあるかといいますと、「マタイ

天理教　教派神道の一つ。天保九年、中山みきが創始

達者　健康で丈夫なこと

無神論者　神の存在を否定したり、不要と考えたりする人

「マタイ伝」『新約聖書』における四福音書の巻頭の書。使徒マタイが記したと伝えられ、イエスの系図・誕生・復活に至る生涯と、その教え、受難を記している

伝《でん》」の第《だい》五章《しょう》には「天《てん》にましますわれらの父は、太陽《たいよう》が善人《ぜんにん》をも悪人《あくにん》をも照《て》らす如《ごと》く我等《われら》を照《て》らし給《たま》うのである。或《あるい》は雨が善人にも悪人にも同じように降《ふ》るが如《ごと》く同様《どうよう》に吾等《われら》を潤《うるお》し給《たま》うのである。かく一視同仁《いっしどうじん》の愛を有《も》ち給《たま》うのが本当《ほんとう》の神様《かみさま》だ」というようにイエスは説《と》いていられるのであります。そういう至《し》仁至愛《じんしあい》の無限《むげん》の愛を以《もっ》て宥《ゆる》しておられる神様が、どうしてこの吾々《われわれ》のちょっと間違《まちが》って仕損《しそこな》いをやったというようなことで「あいつちょっとみしらせしてやろうか。あいつちょっと罰当《ばちあ》ててやろうか」などといって残酷《ざんこく》にも肺《はい》病《びょう》や脊髄病《せきずいびょう》に罹《かか》らせ給《たま》うはずはないのであります。またもし「みしらせ」をせられるのでありましたら、誰《たれ》にもその意味《いみ》の判《わか》りようがないようには「みしらせ」をせられるはずがないのであります。肺病や脊髄病に罹《かか》ってもどんな心の持方《もちかた》が悪かったのでこんな神罰《みしらせ》を頂《いただ》くのか判《わか》らない、世界《せかい》でたった一人《ひとり》の或《あ》る教団《きょうだん》の教祖《きょうそ》にだけしかその意味の判《わか》らないような「みしらせ」をして、その「みしらせ」の意味を知りたければ金《かね》を持って或《あ》る教団《きょうだん》

一視同仁　どんな人にも区別なく同じように慈しむこと

至仁至愛　この上なく慈しみと愛情にあふれていること

で聞けというような、そんな意地悪《いじわる》な「みしらせ」する理由《りゆう》がないのであります。神様《かみさま》は決《けっ》してそんな意地悪《いじわる》ではない。また神様は決して罰《ばち》を当《あ》て給《たま》うのではないと生長《せいちょう》の家《いえ》では観《み》るのであります。神様は決して吾々《われわれ》に罰《ばち》を与《あた》え給《たま》わないが、吾々《われわれ》の心の罪《つみ》の意識《いしき》が、罪の恐怖《きょうふ》が、三界《さんがい》は唯心《ゆいしん》の所現《しょげん》の理《り》により、相形《すがたかたち》に現《あらわ》れて、或《あるい》は肉体《にくたい》の病気《びょうき》ともなり、或《あるい》は不幸《ふこう》の境遇《きょうぐう》ともなり、或《あるい》は災難《さいなん》ともなるというふうに現《あらわ》れて来《く》ると申《もう》します。それですから三《さん》界唯心所現《がいゆいしんしょげん》の理《り》を知れば或《あ》る教団《きょうだん》の教祖《きょうそ》ならずとも、自分《じぶん》が万人《ばんにん》の病気又《また》は不幸を観《み》て、どういう心の間違《まちがい》からこの病気不幸が起《おこ》ったかを知ることが出来《でき》るのであります。これであってこそ万人共通《ばんにんきょうつう》の救《すく》いであり、神の一視《いっし》同仁的《どうじんてき》な愛の啓示《けいじ》であると見ることが出来るのであります。この三界唯心所《さんがいゆいしんしょ》現《げん》の理《り》を教《おし》えるのが生長の家であります。「神様は、決《けっ》して罰《ばち》を当《あ》て給《たま》わない」と、これだけ知るだけでも、吾々《われわれ》は実《じつ》に幸福《こうふく》な、広々《ひろびろ》とした、愉快《ゆかい》な人生《じんせい》に出ることが出来るのであります。ここが他《ほか》の宗教《しゅうきょう》、威嚇的宗教《いかくてきしゅうきょう》と

啓示　真理を人間にあらわし示すこと

生長《せいちょう》の家《いえ》と異《ちが》うところであります。その代《かわ》りに生長《せいちょう》の家本部《いえほんぶ》としては、他《た》の宗教《しゅうきょう》よりもちょっと損《そん》なところがある。というのは「先生病気治《せんせいびょうきなお》りました。色々御厄介《いろいろごやっかい》になりました。もう左様《さよう》なら」といって生長の家を止《や》める人《ひと》もたくさんある。「もう『生命《せいめい》の實相《じっそう》』を二、三冊《さつ》読んで治《なお》りましたから、もうあとは要《い》りません」という人もある。まるで、薬《くすり》かなんぞのように思っているのです。――こんなに早く治《なお》ってもらうと生長の家は損をするということになる。これでは人類光明化《じんるいこうみょうか》の運動本部《うんどうほんぶ》の経費《けいひ》の出るところが無《な》くてちょっと困《こま》るのでありますが、生長の家は本部が経費に困っても、他《た》の宗教のように「止《や》めたら罰《ばち》が当《あた》る」等《など》といって、人を威嚇《いかく》して金《かね》を搾《しぼ》り上《あ》げようとは思っていないのであって、加藤舜太郎《かとうしゅんたろう》さんの奥《おく》さまはたった五銭《せん》の『生命《せいめい》の實相《じっそう》』の分冊《ぶんさつ》パンフレットを読んで、心がクラリと一転《いってん》されまして、それで病気が治《なお》ったのです。別段《べつだん》お礼《れい》を貰《もら》っておりません。お礼は別《べつ》に一文《もん》も頂《いただ》かないのでありますが、世《よ》の中《なか》は決《けっ》して忘恩者《ぼうおんしゃ》ばかりではありませ

忘恩者　恩を忘れた人。恩知らず

ぬので、治《なお》った方《かた》の九十パーセントは必《かなら》ず継続会員《けいぞくかいいん》となって下《くだ》さる。他《ほか》の人《ひと》に勧《すす》めて誌友《しゆう》を増加《ぞうか》して下《くだ》さるので、別《べつ》に、「止《や》めたら神罰《しんばつ》が当《あた》るぞ」と威《い》嚇《かく》しなくとも自然《しぜん》に治《なお》った方《かた》の涙《なみだ》ぐましい会員増加《かいいんぞうか》の活動《かつどう》や自由献金《じゆうけんきん》によって本部《ほんぶ》の経済循環《けいざいじゅんかん》が保《たも》って往《い》っているのであります。これが生長《せいちょう》の家《いえ》の現《げん》状《じょう》であります。

恐怖《きょうふ》と憤怒《ふんぬ》の生理的影響《せいりてきえいきょう》

ところで、この罪《つみ》の恐怖というものはどういうふうに肉体《にくたい》に影響《えいきょう》して来《く》るかと申《もう》しますと、宗教的《しゅうきょうてき》に説《と》かなくても、近代《きんだい》の新しい生理学《せいりがく》を調べてみましても、それはわかるのであります。恐怖心《きょうふしん》とか怒《いか》りの感情《かんじょう》とかいうものは、吾々《われわれ》のこの肉体の内部《ないぶ》に分泌《ぶんぴつ》するアドレナリンの分泌量《ぶんぴつりょう》を非常《ひじょう》に増《ま》すのであります。このアドレナリンというのは一種《いっしゅ》の毒薬《どくやく》でありまし

頭注版㉙一九九頁

憤怒　はげしく腹を立てること

生理学　生物の体の働きを研究する学問

アドレナリン　副腎髄質から分泌されるホルモンの一種。交感神経の作用が高まると分泌され、血糖量の上昇、心拍数の増加などを起こす。明治三十四年に高峰譲吉が初めて結晶化して強心剤や血圧上昇剤などに利用した

て、注射量《ちゅうしゃりょう》が少《すこ》しく多かったら死んでしまうというような毒性《どくせい》の劇《はげ》しい内《ない》分泌液《ぶんぴつえき》で吾々《われわれ》の副腎《ふくじん》というところから分泌《ぶんぴつ》している。それが適量《てきりょう》であるから吾々《われわれ》は健康《けんこう》に生活《せいかつ》しているのであります。吾々《われわれ》が怒《おこ》ったり或《あるい》は恐怖《きょうふ》したりするとこのアドレナリンの分泌量《ぶんぴつりょう》が非常《ひじょう》に殖《ふ》えて来《く》るのであります。吾々《われわれ》の血液内《けつえきない》のアドレナリン量《りょう》が殖《ふ》えて来《く》るとどういう状態《じょうたい》になるかといいますと、アドレナリンを適量《てきりょう》以上《いじょう》に血管《けっかん》に注射《ちゅうしゃ》したと同じような症状《しょうじょう》を呈《てい》して来《く》る。アドレナリンを適量以上に血管に注射するとどうなるかというと、毛髪《もうはつ》が竦立《しょうりつ》したり、涙《なみだ》が出《で》て来《き》たり、冷汗《ひやあせ》が流れたり、或《あるい》は悪寒戦慄《おかんせんりつ》を覚《おぼ》えるというふうな状態を起《おこ》して来《く》るのであります。そうして血液《けつえき》の中《なか》の糖分《とうぶん》が増《ま》して来まして、尿《にょう》を調べてみると糖尿《とうにょう》が出ているというふうになる。これが先《ま》ずアドレナリンの分泌量《ぶんぴつりょう》が殖《ふ》えて来《き》た時《とき》に起《おこ》るところの生《せい》理的反応《りてきはんのう》であります。そしてアドレナリンの含有量《がんゆうりょう》の多い血液が胃袋《いぶくろ》へ循《じゅん》環《かん》するとどういうふうになるかといいますと、胃袋の平滑筋《へいかつきん》が弛緩《しかん》して胃袋

副腎　内分泌器官の一つ。腎臓の上端部に付着する一対の腺。腎上体

竦立　そびえ立つ。ここでは、逆立つ

悪寒　不快な寒気がすること

戦慄　おののき震えること

平滑筋　筋肉の組織の一種。横紋構造がみられず、心臓を除く内臓や血管などの壁をなす筋肉

弛緩　ゆるむこと。たるむこと

が収縮《しゅうしゅく》しなくなります。胃《い》アトニーであるとか胃下垂《いかすい》であるとか、中々《なかなか》医《い》学《がく》で治《なお》らぬというふうな病気《びょうき》がありますが、こういう病気は慢性恐怖症《まんせいきょうふしょう》のために副腎《ふくじん》のアドレナリンの分泌量《ぶんぴつりょう》が多い為《ため》に胃袋《いぶくろ》の筋肉《きんにく》が弛緩《しかん》してしまって収縮しなくなるのです。或《あ》る医者《いしゃ》の実験《じっけん》してみたところによりますと、動物試験《どうぶつしけん》に於《おい》て犬なんかの胃袋を切除《きりと》って普通《ふつう》の血液《けつえき》の中《なか》へ入れてみますと、しばらくは生きておって、よく収縮したり活動《かつどう》したりするのです。ところが、怒《いか》れる動物《どうぶつ》の血液即《すなわ》ち少し多量《たりょう》にアドレナリンを含有《がんゆう》さした血液の中《なか》へ胃袋の一片《ぺん》を投《とう》じてみますと、ダラリと伸《の》びてしまって活動しなくなる。こういうふうに恐怖心《きょうふしん》とか怒《いか》りの心とかいうものがアドレナリンの分泌量《ぶんぴつりょう》を増《ま》し、アドレナリンの含有量《がんゆうりょう》の多い血液が循環して胃袋へ行《い》くとそういうふうに胃袋がダラリと伸びて活動しなくなる。即《すなわ》ち胃アトニーとか胃下垂《いかすい》状態《じょうたい》を示して胃袋は働《はたら》かない。胃袋が働かなければ胃袋は多量《たりょう》の血液は不《ふ》要《よう》であるから、その血液はどこへ行《い》くかというと、頭部《とうぶ》へ鬱血《うっけつ》して怒髪天《どはってん》を

胃アトニー　胃下垂が原因で胃の筋肉がたるみ、胃の動きが悪くなる疾患
胃下垂　胃の位置が異常に下がる疾患

鬱血　静脈の血液の流れが悪くなってとどこおる状態
怒髪天を衝く　憤怒の形相になるさま。激しい怒りのために逆だった髪の毛が冠を突き上げる。怒髪冠を衝く

衝《つ》くとか、或《あるい》は心臓《しんぞう》の方《ほう》へ行《い》って心臓の動悸《どうき》を早くするとか、肝臓《かんぞう》に貯蔵《ちょぞう》するグリコーゲンを糖《とう》に変《へん》じて血液中《けつえきちゅう》に送り出すとかし、血液《けつえき》の中《なか》の糖分《とうぶん》が殖《ふ》えてそうして筋肉《きんにく》の収縮力《しゅうしゅくりょく》が殖《ふ》えて来《き》、イザというとき相手《あいて》に対《たい》して打《ぶ》つつかるために筋肉を動かす燃料《ねんりょう》までの用意《ようい》が出来《でき》るわけです。恐《おそ》れるとか或《あるい》は怒《いか》るとかいうふうな時《とき》にはちゃんとそういうふうに身体内部《しんたいないぶ》の内分泌《ホルモン》に変化《へんか》を起《おこ》して、今《いま》は胃袋《いぶくろ》の消化《しょうか》なんかしている時でないと、吾々《われわれ》に危害《きがい》を加えんとする相手《あいて》に腕力《わんりょく》をもって対抗《たいこう》せんとする為《ため》に、一切《いっさい》のエネルギーをその準備《じゅんび》に集中《しゅうちゅう》するのであります。ところが、少し位恐怖《くらいきょうふ》したり腹《はら》が立った位《くらい》で相手を殴《なぐ》り附《つ》けて血液中の糖分を消費《しょうひ》してしまうわけにまいりませんから、絶《た》えず小さな恐怖心《きょうふしん》や腹立《はらだ》ちの心を蓄積《ちくせき》しておりますと、慢性的《まんせいてき》に血液中の糖分が殖《ふ》えているために、その過剰《かじょう》の糖分をどこかへ排泄《はいせつ》しなければならないということになって、その人《ひと》は糖尿病《とうにょうびょう》に罹《かか》るのであります。糖尿病になって医者《いしゃ》にかかってごらんなさい、医術《いじゅつ》では中々《なかなか》治りにくい。インシ

グリコーゲン　肝臓や筋肉等に多く含まれる多糖類の一つ。生体のエネルギー源。酵素の働きで加水分解されてぶどう糖となる

糖尿病　膵臓から分泌されるインシュリンの不足により、血糖値が異常に高くなり尿中に糖が排出される慢性の病気

インシュリン　膵臓から分泌されるホルモン。血液中のぶどう糖をグリコーゲンに換えることなどによって血糖を低下させる。糖尿病の治療剤として用いられる

ユリンの注射《ちゅうしゃ》をやったり、色々《いろいろ》食物養生《しょくもつようじょう》をやらせられる。澱粉食《でんぷんしょく》は一切《いっさい》いかぬ、糖分食《とうぶんしょく》は一切いかぬ、脂肪《しぼう》と蛋白《たんぱく》ばかり食べよ、御飯《ごはん》は食べられないというふうに言われ、今度《こんど》は病気恐怖《びょうききょうふ》、食物恐怖《しょくもつきょうふ》に変《かわ》ってくる。恐怖《きょうふ》が原因《げんいん》で血液中《けつえきちゅう》の糖分《とうぶん》が殖《ふ》え、糖尿病《とうにょうびょう》に罹《かか》っているのに、医者《いしゃ》が食物恐怖《しょくもつきょうふ》を植附《うえつ》けますから、一所懸命食物養生《いっしょけんめいしょくもつようじょう》をやりましても、体内《たいない》の内分泌《ないぶんぴつ》が変《かわ》っているのでありますから、依然《いぜん》として糖《とう》を製造《せいぞう》し、普通食《ふつうしょく》を少しずつでも摂《と》ると、更《さら》に恐怖して糖尿《とうにょう》を排泄《はいせつ》して永遠《えいえん》に根治《こんち》するということはないのであります。

　これはどうしても心から治《なお》して行《ゆ》かなければ治《なお》らないのであります。生長《せいちょう》の家《いえ》では簡単《かんたん》に糖尿病が治《なお》っています。「ぜんざい」を食べたり、羊羹《ようかん》をたべたりしながらでも心の持方《もちかた》を変えると治《なお》るのであります。心の持方《もちかた》を変えるにはどうしたら好《よ》いか。これが又問題《またもんだい》である。腹《はら》が立つからこれを抑《おさ》えねばならぬと思っても、こいつはやはりさっき申《もう》しましたように、抑《おさ》えよう

根治　完全に病気が治ること

抑《おさ》えようと思ったって、腹《はら》の中《なか》からムッとして来《く》るのはどうしても抑《おさ》えられないのであります。自力《じりき》の努力《どりょく》では中々《なかなか》思うように心が統制《とうせい》出来《でき》ない。生長《せいちょう》の家《いえ》ではこの心の内部《ないぶ》の葛藤《かっとう》を解決《かいけつ》するのに極《きわ》めて簡単《かんたん》な方法《ほうほう》を用《もち》いるのであります。

生長の家で説《と》く「心の法則《ほうそく》」

頭注版㉙二〇三頁

生長の家では、「心の法則」ということを説いております。心に思《おも》い浮《うか》べたことは必《かなら》ずいつかは形《かたち》に現《あらわ》れるというのです。心に思《おも》い浮《うか》べたことは仏《ぶっ》教《きょう》でいう因縁《いんねん》の「因《いん》」というものになって、どこかに蓄積《ちくせき》されているというのです。それが或《あ》る「縁《えん》」に触《ふ》れた時《とき》にそれが形に現《あらわ》れて来《く》る、現《あらわ》れて来ると共《とも》にその「因《いん》」は解消《かいしょう》するというのであります。

卑近《ひきん》な例《れい》を以《もっ》て申《もう》しますれば、「因《いん》」というのは毎日《まいにち》毎日蒸発《じょうはつ》している

統制　一つにまとめておさめること

葛藤　かずらや藤のつるがからみあうように、もつれること

卑近　身近なありふれたこと

水蒸気《すいじょうき》みたいなものです。吾々《われわれ》が心の世界《せかい》に因縁《いんねん》の「因《いん》」を蓄《たくわ》えることは、毎《まい》日晴天《にちせいてん》の時《とき》に水蒸気を蒸発《じょうはつ》しているのと同じことなのです。その水蒸気が毎日毎日蒸発しておっても吾々《われわれ》にはわからない。依然《いぜん》として空気《くうき》は透明《とうめい》で、空は晴れている。吾々《われわれ》は毎日小さな腹《はら》を立てたり、小さな恐怖《きょうふ》を起《おこ》しておってもわからないのです。又何事《またなにごと》も起《おこ》らないのです。しかし何事もないのではなく、その間《かん》に「因《いん》」を積《つ》んでいるのです。或《あ》る程度《ていど》まで水蒸気が蒸発して空中《くうちゅう》に蓄積《ちくせき》した時《とき》にどうなるかというと、今度《こんど》は沛然《はいぜん》たる豪雨《ごうう》となってザーッと降《ふ》って来《く》る。吾々《われわれ》は初《はじ》めて雨が降る時に降るのだと思っているけれどもこれは愚者《ぐしゃ》の考える事《こと》であって、雨は雨が降る時に製造《せいぞう》されたものではないのであります。雨は実《じつ》は晴天の時に水蒸気で空中に蓄積して製造しつつあるもので、その水蒸気が冷《つめ》たい空気であるとか、温度《おんど》が急《きゅう》に冷《ひ》えたとか、空中電気《くうちゅうでんき》の或《あ》る作用《さよう》とかいうような「縁《えん》」に触《ふ》れて、沛然《はいぜん》たる豪雨となって降って来るのであります。心が病気《びょうき》の原因《げんいん》だと申《もう》しますと、「私はいつも

沛然　雨が激しく降るさま

愚者　愚か者。愚人

空中電気　大気の電荷や大気中を流れる電流などによって起こる電気現象の総称。雷電・オーロラなど。気象電気

怒《おこ》っているけれども、あまり病気《びょうき》にもならんぜ」という人《ひと》がある。それは毎《まい》日好《にちよ》い天気《てんき》で、二十日《はつか》も一ヵ月《げつ》も二ヵ月も好《よ》い天気が続いて水は随分蒸発《ずいぶんじょうはつ》しているけれども、ちょっとも降《ふ》って来《こ》ないじゃないかというのと同じ理窟《りくつ》です。それは「縁《えん》」に逢《あ》わないから降って来ないのです。「縁《えん》」に逢《あ》ったらいつでも降って来る。吾々《われわれ》が常《つね》に腹立《はらだ》っておったり恐《おそ》れておったりしましたならば、そいつが心の世界《せかい》に業因《ごういん》として蓄積《ちくせき》されておって、それがいつかは「縁《えん》」に触《ふ》れて沛然《はいぜん》たる豪雨《ごうう》となって降るかの如《ごと》く、病気になって糖尿病《とうにょうびょう》になったり、或《あるい》は神経衰弱《しんけいすいじゃく》になったり、胃癌《いがん》になったり肺病《はいびょう》になったりして現《あらわ》れて来《く》るのであります。今《いま》の病気は必《かなら》ずしも今日《きょう》一日《にち》だけの心持《こころもち》で起《おこ》るものではありません。今の雨は必ずしも今日《きょう》や昨日《きのう》だけに蒸発した水蒸気《すいじょうき》で出来上《できあが》っているのではありません。

業因　仏教語。楽しみや苦しみを受けるもとになる善悪の行為

神経衰弱　心身過労などを誘因として神経系統の働きが低下し、神経過敏・脱力感・不眠などの症状を呈する疾患。アメリカの医師G・M・ビアードが一八八〇年に初めて用いた用語

生長《せいちょう》の家《いえ》と医学《いがく》との関係《かんけい》

生長の家は別《べつ》に現代医学《げんだいいがく》に反対《はんたい》するものではありません。医者《いしゃ》で治《なお》る病気《びょうき》は医者へお出《い》でになれば好《よ》いのであります。『生命《せいめい》の實相《じっそう》』の中《なか》にも薬《くすり》はどういうふうな心持《こころもち》で服《の》んだら効《き》くかということが書いてあります。これは心の持ちようで折角《せっかく》の医者の努力《どりょく》も無《む》になるからであります。現代医学は何《なに》を研究《けんきゅう》するかといいますと、これは因縁《いんねん》の「縁《えん》」の方《ほう》を研究するのです。吾々《われわれ》の方《ほう》は「因《いん》」の方《ほう》を研究する。こういう心の持方《もちかた》が「因《いん》」となって蓄積《ちくせき》されてこういう病気になるのですよ、ということが『生命《せいめい》の實相《じっそう》』に詳《くわ》しく書いてある。その「因《いん》」を解除《かいじょ》すれば病気は消えるのであります。しかしいくら水蒸気《すいじょうき》の「因《いん》」を蓄積しても、冷気《れいき》というような「縁《えん》」がなかったら雨が降《ふ》って来《こ》ないのと同じく、いくらわるい心を起《おこ》しても「縁《えん》」がなければ

頭注版㉙二〇四頁

病気《びょうき》にならないのです。ですから、医者《いしゃ》の方《ほう》では、冷《つめ》たい風に吹《ふ》かれたら風邪《かぜ》を引くぞ、或《あるい》は結核菌《けっかくきん》に触《ふ》れたら肺病《はいびょう》になるぞというふうに、病気を起《おこ》すところの「縁《えん》」をなるべく遠ざけるようにするのであります。これが医《い》者《しゃ》の役目《やくめ》であって、心の世界《せかい》に病気の「因《いん》」があっても、その「因《いん》」をして「果《か》」を結ばせる「縁《えん》」をなくして病気の「果《か》」を結ばぬようにするのが、医者の分担《ぶんたん》であります。ところが宗教《しゅうきょう》とか教化《きょうか》とか修養《しゅうよう》とかいうのは心の方《ほう》面《めん》であってこういう「因《いん》」を蓄積《ちくせき》したならば「縁《えん》」に触れた場合《ばあい》にこういうような不幸災難《ふこうさいなん》病気になって現《あらわ》れて来《く》るものだと教《おし》えるのです。水蒸気《すいじょうき》だけでも雨にならない、水蒸気と冷気《れいき》と、「因《いん》」と「縁《えん》」と、二《ふた》つ揃《そろ》うて雨となるように、因縁《いんねん》二つ揃《そろ》うて吾々《われわれ》の病気・不幸・災難というものは現《あらわ》れて来るのですから、「因《いん》」と「縁《えん》」とのうち、どちらをなくしても病気は消えるのです。どちらをなくしても病気は消えますから、医学《いがく》が病気を誘発《ゆうはつ》する「縁《えん》」を研究《けんきゅう》して、その「縁《えん》」を除《のぞ》くために色々《いろいろ》と努力《どりょく》してくれることは有難《ありがた》いことなのです。しかし、今迄《いままで》医学《いがく》で病気《びょうき》の原因《げんいん》だと思われていたものは病気の助縁《じょえん》に過《す》ぎないのであります。冷《つめ》たい風が風邪《かぜ》の原因ならば冷たい風に当《あた》る人《ひと》は皆風邪《みなかぜ》を引かなければならないのに風邪《かぜ》を引かない人があるのは、冷たい風は風邪《かぜ》の縁《えん》であって原因ではないからです。結核菌《けっかくきん》が肺病《はいびょう》の原因であるならば結核菌に触《ふ》れた人は全部《ぜんぶ》肺病にならなければならないのに、必《かなら》ずしも肺病にならないのは結核菌は肺病の原因ではなく、原因は「念《こころ》」にあって、そういう「念《こころ》」を蓄積《ちくせき》した人が結核菌という「縁《えん》」に触れて肺病を形《かたち》の世界《せかい》に発芽《はつが》させるのです。ですから「縁《えん》」を断《た》ち切《き》ることは必《ひつ》要《よう》でありますが、「因《いん》」が心の世界《せかい》に蓄積してある限《かぎ》りはいつかは「縁《えん》」に触れて果《か》を結ぶのです。というのは、この色々変化無限《いろいろへんかむげん》であるところの世界に住んでおって、吾々《われわれ》は有《あ》りと有《あ》らゆる縁《えん》に触れるのでありますから、「因《いん》」を蓄積している限りはどうしても「縁《えん》」に触れて「果《か》」を結ばないというわけに行《ゆ》かないのです。如何《いか》に衛生《えいせい》に注意《ちゅうい》しても、如何《いか》に毎日強壮剤《まいにちきょうそうざい》

助縁　主たる縁を補助する働きの縁

強壮剤　新陳代謝を促し、栄養状態を良好にして体力を回復させる薬剤

を服《の》んでも栄養剤《えいようざい》を食べても決《けっ》して病気《びょうき》を起《おこ》す「縁《えん》」に触《ふ》れないというわけに行《ゆ》かない。ですから、生長《せいちょう》の家《いえ》では出来《でき》るだけ自分達《じぶんたち》の心の世界《せかい》に病気を起《おこ》すような「因《いん》」を拵《こしら》えないようにしておこうじゃないかというわけです。また、今迄《いままで》そういう「因《いん》」を心の世界に拵《こしら》えたならば、その因《いん》を壊《やぶ》ってしまっておこうじゃないかというのであります。

「因《いん》」とは何《なん》であるか

「因《いん》」というのは何《なん》であるかと申《もう》しますと、波動《はどう》であります。これを業因《ごういん》とも申します。波動には念《おも》い、言葉、行《おこな》いの三種《しゅ》があります。これを仏教《ぶっきょう》では、意業《いごう》、口業《くごう》、身業《しんごう》と申しました。この因《たね》となる業《ごう》のある限《かぎ》りは、病気や不幸《ふこう》が現《あらわ》れていなくとも、因《たね》を埋《うず》めてあるのですから、潜伏《せんぷく》した病気や不幸があるわけです。そう申しますと、またこの因《いん》ということに執《とら》われる。過去《かこ》

頭注版㉙二〇七頁

意業、口業、身業　仏教語。総称して三業(さんごう)という

潜伏　病原菌などに感染していて、症状が現れていないこと

にこういう悪いことを思ったからこうであるとか、ああであるとか、嗚呼《ああ》！私はやはり病気《びょうき》になる因縁《いんねん》があるのだ、こう思ってまた暗い方面《ほうめん》に陥《おちい》って来《く》るのであります。

こうなると、因縁《いんねん》を説《と》いて因縁《いんねん》に縛《しば》られるということになるのでありま す。天理教《てんりきょう》などの人《ひと》が概《おおむ》ねそれでありまして、あんたは因縁《いんねん》が深いから一代《だい》では因縁《いんねん》を切ることが出来《でき》ぬとか、一代でその因縁《いんねん》が滅《ほろ》びなければ二代かかる、二代で滅びなければ三代かかるという具合《ぐあい》にいわれるのであります。そうして、無論吾々《むろんわれわれ》は幾《いく》十回幾百回《かいいくかい》と生《う》まれ更《かわ》ってこの世《よ》に出ている自分《じぶん》でありますから、中々《なかなか》ちょっとやそっとに過去《かこ》から起《おこ》って来《き》たところの「因《いん》」というものをなくしてしまうということは出来ないのであります。ですから、ひとつずつこの「因《いん》」相応《そうおう》の償《つぐな》いをして行《ゆ》かなければ、その「因《いん》」が消えないとしたならば、到底吾々《とうていわれわれ》この五十年《ねん》の生涯《しょうがい》にはその「因《いん》」を消滅《しょうめつ》することは難《むつか》しいということになる。そうすると、吾々《われわれ》は到底《とうてい》この世《よ》では済《すく》われないということになるのです。到底《とうてい》この世では済《すく》われないということになると、真《しん》宗《しゅう》の教《おしえ》が出《で》て来《く》る。現世《げんせ》では済《すく》われないのであって死後《しご》に於《おい》て済《すく》われるという教《おしえ》が出現《しゅつげん》するのであります。しかし、吾々《われわれ》はどうしても今《いま》この世《よ》で済《すく》われることを希《ねが》わずにはいられないのであります。

因縁消滅《いんねんしょうめつ》の道《みち》は悟《さと》るに在《あ》る

ところが、生長《せいちょう》の家《いえ》はそこが甘《うま》く切抜《きりぬ》けてある、というのは、因縁本来《いんねんほんらい》無《な》いという世界《せかい》へ入《はい》る——こういう便法《べんぽう》が設《もう》けてあるわけであります。因《いん》があれば果《か》があり、水蒸気《すいじょうき》が昇《のぼ》ればいつか雨が降《ふ》るのは当《あた》り前《まえ》であります。しかし富士山《ふじさん》の頂《ちょうじょう》上に登《のぼ》って御覧《ごらん》なさい。富士山の頂上から眺《なが》めますと、雲がいつも下《した》にある。下界《げかい》は雨が降《ふ》っておっても自分《じぶん》にはちっとも雨がかからない。そこで生長の家は因縁《いんねん》あれども因縁《いんねん》本来無《な》い世界、富士山の頂上へ

頭注版㉙二〇八頁

便法　便利な方法

上《のぼ》ろうじゃないか、そんな水蒸気《すいじょうき》が蒸発《じょうはつ》して、そうしてまた雨になって来《く》るようなそんな因縁《いんねん》の世界《せかい》にいないで、一《ひと》つ因縁《いんねん》を超越《ちょうえつ》した実相《じっそう》の不二《ふじ》の山頂《さんちょう》まで上《のぼ》って行《ゆ》こうじゃないかというのであります。

その実相の不二《ふじ》の山頂まで上《のぼ》るにはどうしたら好《よ》いかというと、因縁本来《いんねんほんらい》無《な》いと悟《さと》ることである、因縁《いんねん》を説《と》きながら、しかも「因縁《いんねん》本来無《な》い」と悟るのです。これが難《むつか》しい。因縁《いんねん》を全然認《ぜんぜんみと》めないで、そうして吾々《われわれ》はどんな因縁《いんねん》も本来超越しているのだから、悪を犯《おか》したって何《なに》もないのだ、悪は行《や》るだけ行《や》り得《どく》だ、そういうふうになると吾々《われわれ》は無茶苦茶《むちゃくちゃ》になってしまうのです。因縁《いんねん》を説いて因縁《いんねん》を超越する道《みち》を教《おし》えるのが本当《ほんとう》の宗教《しゅうきょう》であります。

それで生長《せいちょう》の家《いえ》では如何《いか》にしてこの因縁《いんねん》を超越するかと言うと、真理《しんり》を悟ることである。キリストが「真理は汝《なんじ》を自由《じゆう》ならしめん」といったのがそれであります。その真理には縦《たて》の真理と横《よこ》の真理とがあるのであります。横の真理を悟ることは、物質無《ぶっしつな》し、肉体無《にくたいな》し、現象世界《げんしょうせかい》悉《ことごと》く無《な》しという真

不二　「富士」の別の表記法。仏教語でもあり、二つに見えても実際は一つであること

理を悟《さと》ることで、『般若心経《はんにゃしんぎょう》』にある「五蘊皆空《ごうんかいくう》」と照見《しょうけん》することであります。それから縦《たて》の真理《しんり》を悟るというのは、自己《じこ》の本体《ほんたい》を久遠《くおん》から生《い》き通《とお》しているところの仏《ほとけ》と一《ひと》つのものであると悟ることで、『法華経《ほけきょう》』の「寿量品《じゅりょうほん》」にある釈迦《しゃか》の悟りを悟ることです。そして、自分自身《じぶんじしん》を久遠《くおん》の昔《むかし》から不滅《ふめつ》に生《い》き通《とお》しているところの大生命《だいせいめい》と一つのものであるという大きな自覚《じかく》を持つことであります。「ヨハネ伝《でん》」にあるところの「この世《よ》の創《はじ》めぬ以前《いぜん》から」神から愛されているイエスと一体《いったい》であると悟ることであります。神なる大生《だいせい》命《めい》と、久遠《くおん》のみ仏《ほとけ》と同体《どうたい》であるところの吾《わ》が本体《ほんたい》には罪《つみ》がないのです。この大自覚《だいじかく》を摑《つか》んでしまった時《とき》に、罪あるがままで罪が消えてしまうということになるのであります。

『般若心経』『般若波羅蜜多心経』の略。『大般若経』の精髄を二六二文字にまとめた最も短い仏教経典

五蘊皆空「五蘊」はすべての存在を構成する五つの要素である「色受想行識」。それらがみな実体がなく空である意

照見　仏教語。物事の本質を正しく見きわめること

久遠　永遠

「寿量品」『法華経』二十八品中の第十六「如来寿量品」の略

悟道《さとり》への捷径《ちかみち》

この自己《じこ》本来《ほんらい》の久遠《くおん》生《い》き通《とお》しの生命《せいめい》の自覚《じかく》、禅宗《ぜんしゅう》では「父母《ふぼ》未生《みしょう》以前《いぜん》の本来の面目《めんもく》」などともいう。アブラハムの生《うま》れぬ前《さき》からあるキリスト、天地《てんち》創造以前《そうぞういぜん》から神から愛されていた自分《じぶん》、百千万億《まんのく》阿僧祇劫《あそうぎこう》の昔《むかし》から悟《さと》りを開《ひら》いていた自分、これを悟ることは、他《た》の宗教《しゅうきょう》では並大抵《なみたいてい》ではなかったのであります。ところが「生長《せいちょう》の家《いえ》」では割合簡単《わりあいかんたん》に出来《でき》るのであります。これは「肉体本来無《にくたいほんらいなし》」と悟らしめるからであります。「肉体は有る有る」と思っておったればこそ人間《にんげん》は罪《つみ》を犯《おか》したのであります。パウロは「ロマ書《しょ》」の中《なか》で歎《なげ》いているのです。「肢体《したい》の中《なか》には善《よ》きものがない、自分は善《よ》きことをしようと思うけれども、肢体《したい》の中《なか》に別《べつ》の法則《ほうそく》があって自分の好《この》まざることをするのである」と言って歎《なげ》いているのです。この肉体の中《なか》に、自分が善《よ》い

頭注版㉙二一〇頁

捷径（しょうけい）近道。手っ取り早い方法

禅宗　坐禅によって悟りを開こうとする宗派。達磨を開祖とする。日本へは鎌倉時代に道元、栄西、江戸時代に隠元によって伝えられた

「父母未生以前の本来の面目」　父母が生まれる以前からの自分の本来の姿は何かと問う公案

パウロ　生没年不詳。キリスト教をローマ帝国に伝えるのに功のあった伝道者。その書簡は『新約聖書』の重要な部分を占める。ローマで殉教したとされる

「ロマ書」　『新約聖書』の中の一書。パウロとローマ人との間で交わされた書簡集

肢体　手足とからだ

ことをしようと思っても、酒を飲むまいと思っても飲みたくなるところの別《べつ》の心がある、人《ひと》をやっつけまいと思ってもやっつけたくなる心がある、腹立《はらだ》てまいと思っても腹立《はらだ》てて来《く》るところの心がある。この心、この肉体《にくたい》から起《おこ》って来る迷《まよい》の心を断《た》ち切《き》るためには、この肉体を如何《いかん》せんやということが、古往《むかし》から聖者《せいじゃ》の悩《なや》みであったのであります。多くの求道者《ぐどうしゃ》はこの肉体の心を断《た》ち切《き》るために断食《だんじき》するとか、水行《すいぎょう》するとか、その他様々《たさまざま》の苦行《くぎょう》をした。婆羅門教徒《ばらもんきょうと》などはお腹《なか》に孔《あな》を明《あ》けて鈎《かぎ》みたいなものを引掛《ひっか》けて、その紐《ひも》に重錘《おもり》をぶら下《さ》げてもみた。針金《はりがね》ブラシで造《つく》った帯《おび》をしてもみた。何日間《なんにちかん》も眠《ねむ》らないで坐《すわ》る修行《しゅぎょう》もしてみた。肉体が本《もと》で罪《つみ》を犯《おか》すのであるから、色々《いろいろ》の苦行をして、この肉体を苦しめさえしたならば罪が消えるのである。こういうふうに思っておったのです。勿論《もちろん》この肉体というものは自己《じこ》の快楽《かいらく》の為《ため》に他人《たにん》のものを奪《うば》い取《と》ったり、味覚《みかく》の楽《たのしみ》を味わう為《ため》に色々のものを殺したりしたのですから、その快楽とあべこべの苦しみをしたら罪が消えると、こう

婆羅門教徒　仏教以前の古代インドで広まっていた民俗宗教である婆羅門教の信者

考えるのは人類的潜在意識《じんるいてきせんざいいしき》であります。しかしそういうふうに吾々《われわれ》が肉体《にくたい》を苦しめて、それによって罪《つみ》が消えるまで苦しめ続けようと思ったらとても大《たい》変《へん》であります。それこそやはり死んでしまわなければ救《すく》われないというところへ落着《おちつ》かなければならないのであります。

ところが生長《せいちょう》の家《いえ》では実《じつ》に楽《らく》にそこを通《とお》り抜《ぬ》けさして戴《いただ》くことが出来《でき》るのです。するっと鰻《うなぎ》が石垣《いしがき》の中《なか》を辷《すべ》り抜《ぬ》けるように、するっと「因《いん》」の中《なか》、「罪」の中《なか》を辷《すべ》って出る道《みち》を発見《はっけん》したのです。それはどんな道であるか、どんな狭《せま》いところでも、肉体がなくなってごらんなさい、吾々《われわれ》はするっと辷《すべ》って出ることが出来る。生長の家はこの業《ごう》の石垣、因縁《いんねん》の石垣の間《あいだ》からするっと辷《すべ》って出る方法《ほうほう》を発明《はつめい》した。というのは何《なん》であるかと言うと、今申《いまもう》しました横《よこ》の真理《しんり》「肉体は無《な》い」ということです。肉体があると思っている限《かぎ》りに於《お》いてパウロのように「この肉体の中《なか》には何等《なんら》善《よ》きものはない、自分《じぶん》の好《この》まざるところを敢《あ》えて犯《おか》さんとするものである」と肉体を蔑《さげす》み苦しめねばならない。ところがこの「肉体《にくたい》」を無《な》いのだと忽然《こつねん》と悟《さと》るのです。ありと見ゆれども本来《ほんらい》ないいのである。そうなった時《とき》に吾々《われわれ》は、今《いま》まで犯《おか》したと見えるところの罪《つみ》悉《ことごと》くが消えてしまうのです。もうその時には自分《じぶん》の存在《そんざい》は肉体的存在《にくたいてきそんざい》ではなしに、ここに生きているところの生命《せいめい》は神の生命《せいめい》そのままである、大《だい》生命《せいめい》の生命《せいめい》そのままである、み仏《ほとけ》の生命《いのち》がここに生きているのである、と悟ることが出来《でき》るのです。み仏《ほとけ》に何《なん》の罪あらんや、大生命《だいせいめい》に何《なん》の罪あらんや、神に何《なん》の罪あらんや、ここにはもう罪がない！　罪がなければ罪の報《むくい》としての病気《びょうき》もない！　災難《さいなん》もない！　不幸《ふこう》もない！　ということが判《わか》るのであります。かかる悟りに到達《とうたつ》するのには、どうしたら好《よ》いか。生長《せいちょう》の家《いえ》では、ただ只管《ひたすら》『生命《せいめい》の實相《じっそう》』を読めというのであります。理窟《りくつ》ではない、真行《しんぎょう》であります。読み又《また》読みさえすれば神のコトバでありますから、コトバの力《ちから》で実相《じっそう》を悟ることが出来るのであります。

あらんや　あるだろうか。いや、ない

真行　教えを実践すること。ここでは聖典を読むこと

病気《びょうき》を作る心理《しんり》

全《すべ》ての人《ひと》の奥底《おくそこ》には罪《つみ》の意識《いしき》というものが深く刻《きざ》まれているということは私がいつもお話申《はなしもう》すところであります。この罪の意識、罪を償《つぐな》わんとする良心的《りょうしんてき》な念願《ねんがん》、この念願は婆羅門教《ばらもんきょう》の行者《ぎょうじゃ》が外《そと》から肉体《にくたい》を苦しめているのと同じように、普通《ふつう》の人では内部《ないぶ》から肉体を苦行《くぎょう》さしているのです。そうして内部から病気を拵《こしら》えているのです。こうして自分《じぶん》で病気を拵《こしら》えながら、「自分は肺病《はいびょう》になった」とか、「自分は心臓病《しんぞうびょう》になった」とか、「自分は神《しん》経衰弱《けいすいじゃく》になった」とか言って、自分で拵《こしら》えた病気に自分で悩《なや》んでいるのです。しかし、本当《ほんとう》は奥底の心は病気を楽しんでいるのです。その方《かた》は勿論《もちろん》、金《かね》を払《はら》って辛《つら》い辛《つら》いと言って呻吟《しんぎん》しておりますけれども、潜在意識《せんざいいしき》では、断《だん》食水行者《じきすいぎょうしゃ》がその断食水行《だんじきすいぎょう》を楽しんでいるようにその病気を楽しんでいるの

頭注版㉙二一二頁

行者 宗教上の修行者

呻吟 苦しんでうめくこと。また、うめくほどに苦しむこと

です。潜在意識《せんざいいしき》の働《はたらき》というものは実《じつ》に不可思議《ふかしぎ》な働《はたらき》をするのでありまして、吾々《われわれ》の予想《よそう》しないような不思議《ふしぎ》な働《はたらき》をして病気《びょうき》を起《おこ》すことがあるものであります。

山口県《やまぐちけん》の或《あ》る町《まち》にIさんという薬剤師《やくざいし》があります。その薬剤師が久《ひさ》しく慢《まん》性腎臓病《せいじんぞうびょう》になっておられた。ところが或《あ》る日《ひ》、新薬製造所《しんやくせいぞうしょ》からこう言うて来《き》たのです。今度《こんど》とても良《よ》い腎臓病《じんぞうびょう》の薬《くすり》が出来《でき》た、この薬を試《ため》しに服《の》んでみてくれ、一ヵ月《げつ》服《の》んだら必《かなら》ず蛋白《たんぱく》が尿《にょう》から出なくなる、もし出たら金《かね》は要《い》らぬ、出なければ三十円薬代《やくだい》として支払《しはら》ってくれ、というのであります。治《なお》らなければ金《かね》は要《い》らぬと言う振込《ふれこ》みですから、余程製薬者《よほどせいやくしゃ》の自信《じしん》に充《み》ちた薬です。そういう自信に満《み》ちた振込《ふれこ》みだけに「これは効《き》くだろう」と思うような神経《しんけい》も手伝《てつだ》ったのであります。Iさんがそれを毎日《まいにち》服《の》んでは試験管《しけんかん》で尿を検査《けんさ》された。すると毎日だんだん蛋白《たんぱく》の量《りょう》が減《へ》って来《き》たのであります。もう二十五日《にち》目位《めくらい》になるとだんだん尿が澄《す》みきって蛋白質《たんぱくしつ》をほとんど検出《けんしゅつ》しな

三十円　現在の約六万〜九万円に相当する

振込み　宣伝。多くは実際とは違った宣伝をする場合を言う。触込み

いようになったのであります。「ああ、これで三十日《にち》経《た》ったら金《かね》を払《はら》わんならん」と思われた。ところが三十日目《にちめ》に検出《けんしゅつ》してみるとちゃんと多量《たりょう》の蛋《たん》白《ぱく》が降《お》りていたのでIさんは薬代《やくだい》を支払《しはら》うことが要《い》らないで助かったという事《こと》であります。毎日《まいにち》次第《しだい》に蛋白量《たんぱくりょう》に一定《いってい》の低減《ていげん》を見せながら徐々《じょじょ》に治《なお》って往《い》ったのですから、おそらくIさんの病気《びょうき》は本当《ほんとう》に治《なお》っておったのでありますけれども、三十円支払わねばならんから、支払っては損《そん》だからというので、潜在意識《せんざいいしき》が病気を拵《こしら》えたのであります。こういうふうに吾々《われわれ》は病気を潜在意識で拵《こしら》えるのです。本人《ほんにん》の現在意識《げんざいいしき》は、そんな狡《ずる》いことをして金《かね》を払うまいとは思っていないのですけれども、潜在意識は時々《ときどき》狡《ずる》いことを考えて病気を作るのであります。ですから、吾々《われわれ》は病気に罹《かか》りたくないならば、潜在意識を浄《きよ》めなければならないのです。無論《むろん》、医者《いしゃ》は医療《いりょう》によって病気を誘発《ゆうはつ》する「縁《えん》」を無《な》くするという意味《いみ》で効《き》くのでありますが、お医者さんに関係《かんけい》する範囲《はんい》に於《お》いては、患者《かんじゃ》に、「あんた、奥《おく》さんと喧嘩《けんか》するのではありません

低減　減ること

か」とか、「何《なに》か家《うち》の中《なか》で悩《なや》みがありませんか」などと訊《き》くのは差出《さしで》がましいし、そんな事《こと》をいったら面倒《めんどう》な医者《いしゃ》だといって流行《はや》らなくなるかも知れませんので、家庭《かてい》の心の病気《びょうき》(葛藤《かっとう》)を治《なお》してあげるわけに行《ゆ》かない。それで本人《ほんにん》にだけ薬《くすり》を与えて、本人に病気を起《おこ》させる「縁《えん》」を除去《じょきょ》して、病気の本当《ほんとう》の「因《いん》」である心の悩みを放置《ほうち》せられるのであります。それで本人は折角一時《せっかくいちじ》お治《なお》りになるけれども家《いえ》の中《なか》に葛藤《かっとう》がある。家《いえ》の中《なか》に葛藤《かっとう》があると家族《かぞく》の人《ひと》の憤怒《いかり》、憎悪《にくみ》、嫉妬《しっと》、争《あらそ》い、恐怖《きょうふ》などの異常感情《いじょうかんじょう》を刺戟《しげき》して内分泌《ないぶんぴつ》に変化《へんか》が起《おこ》る、血行《けっこう》に変化が起《おこ》る、神経《しんけい》が過敏《かびん》になりすぎたり、弛緩《しかん》したり、血圧《けつあつ》に変化を起《おこ》したりして復《また》病気を繰返《くりかえ》し起《おこ》すということになるのであります。ですから、これからのお医者さんは、薬によって毒素《どくそ》を中和《ちゅうわ》するとか排泄《はいせつ》せしめるとかいう病気の「縁《えん》」を除去して病気を一時消滅《いちじしょうめつ》せしむるよりも一層《いっそう》進んで、家族の心の葛藤《かっとう》を治《なお》す、その家庭を治《なお》すというふうにやって戴《いただ》いたならば、病気が非常《ひじょう》に早く治《なお》るばかりではなく再発《さいはつ》しなくなるに違《ちが》い

差出がましい　出過ぎた感じである。でしゃばるようである

中和　性質の異なるものが互いに融和してそれぞれの性質を失うこと

ないと思うのであります。こういうふうにして、宗教《しゅうきょう》の立場《たちば》と、医者《いしゃ》の立場と両方《りょうほう》から病気《びょうき》の因《いん》と縁《えん》とを断《き》って行《い》くということにし、かくして一方《いっぽう》は病気の「因《いん》」を截《き》り、一方は病気の「縁《えん》」を断《た》つことにすれば、病気という「果《か》」がどうしても出なくなる、すると、地上《ちじょう》に一人《ひとり》の病人《びょうにん》なき天国浄土《てんごくじょうど》が実現《じつげん》するということになるのであります。地上に一人《ひとり》の病人もなくなったら医者が失業《しつぎょう》して困《こま》るだろうという人《ひと》があるかも知れませぬが、医者のような頭の好《よ》い人は、医者が地上に必要《ひつよう》でなくなれば、他《た》にどんなに又人生《またじんせい》に益《えき》する仕事《しごと》にでもたずさわることが出来《でき》るのであります。本当《ほんとう》はお医者さんでも必《かなら》ずしも夜半《よなか》に叩《たた》き起《おこ》されても拒《こば》むことの出来ないような、繁昌《はんじょう》すれば繁昌する程《ほど》苦しくなる医者などをいつまでもやっていたいのではない。病人のない世界《せかい》が出て来たらいつでも転業《てんぎょう》したいと思っていられるに相違《そうい》ないのであります。

かくして　このようにして

転業　職業をかえること。商売がえ

斜視《しゃし》でも治《なお》る

ここに一《ひと》つ短い手紙《てがみ》ですけれども、茨城県《いばらきけん》久慈郡《くじぐん》染和田村《そめわだむら》町田《まちだ》後藤《ごとう》ます子という人《ひと》から私に寄越《よこ》された葉書《はがき》がありますが、これは医学《いがく》では治《なお》らぬとせられておる病気《びょうき》、それが『生命《せいめい》の實相《じっそう》』を読んでいる中《うち》に治《なお》ってしまった。どんな病気かと言いますと、これは藪睨《やぶにらみ》という眼《め》で、痛《いた》いことも視《み》えないこともないから、病気とは言えないかも知れないが、眼《め》が正面《しょうめん》を向いていないのです。この斜視眼《しゃしがん》というのは、眼球《がんきゅう》と眼球との間《あいだ》の靭帯《じんたい》が短か過《す》ぎたり長すぎたりして両方《りょうほう》の眼球の開《ひら》きが適当《てきとう》でない。そのため一方《いっぽう》の眼球が真直《まっすぐ》向いたら、一方の眼球が横《よこ》向いているというわけで、靭帯《じんたい》の長さが異《ちが》うのですから、普通《ふつう》医学から言えば靭帯《じんたい》を切って、良《よ》い加減《かげん》に調節《ちょうせつ》するしか仕方《しかた》がないという病気であります。ところが、この葉書はそういう病気が

頭注版㉙二一六頁

斜視　一方の目が正しく目標に向いているのに他方の目が別方向を向いてしまう状態

藪睨　両眼の視線が対象にまっすぐに向かわないこと。斜視

靭帯　骨と骨とを結びつけて関節の運動を滑らかにしたり制限したりするひも状の結合組織。まぶたにも複数の靭帯がある

治《なお》ってしまったという報告《ほうこく》です。次にそれを読んでみます。

「暑中《しょちゅう》お伺《うかが》い申上《もうしあ》げます。日々《ひび》限《かぎ》りなき御神徳《ごしんとく》を垂《た》れさせ給《たま》いますことを感謝申上《かんしゃもうしあ》げます。仙台高工在学中《せんだいこうこうざいがくちゅう》の弟《おとうと》、ほとんど先天的《せんてんてき》と思われていました強度《きょうど》の斜視《しゃし》が、今度帰省《こんどきせい》してみれば別人《べつじん》と見違《みちが》えるほど完全《かんぜん》に癒《い》えているではありませんか。衷心《ちゅうしん》より深く感謝申《かんしゃもう》し上《あ》げます。合掌《がっしょう》。」

本を読んで病気《びょうき》の治《なお》る理由《りゆう》

この礼状《れいじょう》によれば仙台高工《せんだいこうこう》にいられる弟さんの斜視眼《しゃしがん》が治《なお》ったのです。「近眼《きんがん》は治《なお》る」という広告《こうこく》が出ましたら、誇大《こだい》ではないかという心配《しんぱい》をした人《ひと》があった。しかし、近眼が治《なお》るのは、そんな難《むつか》しいことではありません。吾々《われわれ》の眼球《がんきゅう》というのは、硝子球《ガラスだま》みたいな固《かた》い珠《たま》ではないのであって水飴《みずあめ》み

仙台高工 旧制の専門学校で明治三十九年に設置された仙台高等工業学校。新制の東北大学工学部の母体の一つ

衷心より 心の底から

頭注版㉙二一七頁

誇大 実際より大げさなさま

たいな柔《やわら》かいものでありますから、そんなものがちょっと凹凸《おうとつ》が変《かわ》って近眼《きんがん》遠視《えんし》の治《なお》る位《ぐらい》のことは何《なん》でもないのです。本人《ほんにん》の心が悟《さと》りを開《ひら》いて円満《えんまん》になり、ちょっと調節作用《ちょうせつさよう》が完全《かんぜん》になったら治《なお》ってしまうのは当然《とうぜん》です。ところが眼球《がんきゅう》と眼球とを連絡《れんらく》している既《すで》に一定《いってい》の長さをもった靭帯《じんたい》の長さが変《へん》化《か》して斜視眼《しゃしがん》が治《なお》ってしまうという事《こと》は、普通《ふつう》の常識《じょうしき》では不思議《ふしぎ》な奇蹟《きせき》であるとお考えになるかも知れませんけれどもこれも別《べつ》に奇蹟ではないのです。吾々《われわれ》の肉体《にくたい》が本当《ほんとう》にこんな堅《かた》い、実際《じっさい》にこの堅い存在《そんざい》として存在するものであるならば、それは変化するのは難《むつか》しい、とお考えになるかも知れませんけれども、肉体は本来無《ほんらいな》いのであって、それはラジオのアナウンサーが発《はっ》したような心の波《なみ》である、心の波が「縁《えん》」に触《ふ》れて形《かたち》を現《あらわ》しているのでありますから、心の波が変《かわ》ったらたちまちその形が変《かわ》るということは当然のことであります。それはアナウンサーが放送《ほうそう》を変えたらラジオのセットにかかってくる放送の言葉が変《かわ》って来《く》るのと同じことであります。それならば容易《たやす》く

凸凹　表面に出っ張りやくぼみがあって平らでないさま

吾々《われわれ》の肉体《にくたい》というものは心の放送《ほうそう》さえ変えれば変《かわ》ってくるのです。この人《ひと》はどうして放送を変えたかというと、やはり『生命《せいめい》の實相《じっそう》』を読んでいる中《うち》にひたひたと自分《じぶん》の心に当《あた》って来《く》るものがあって心の波動《はどう》が自然《しぜん》によくなって来《き》たのです。そのため斜視眼《しゃしがん》が治《なお》ってしまったというわけであります。本を読んで病気《びょうき》が治《なお》ったと申《もう》しましても、この『生命《せいめい》の實相《じっそう》』の紙や印刷《いんさつ》インキが治《なお》したというわけではない。本を読んだので心が浄《きよ》まった、心が浄まったので心の放送の波《なみ》が浄まった、心の波が浄まったので肉体というラジオセットにかかって現《あらわ》れるものの形《かたち》が変《かわ》ったとただこれだけのことであります。それを、中途《ちゅうと》の説明《せつめい》を省略《しょうりゃく》して「本を読んで治《なお》った」と言うから「なに、迷信《めいしん》ぬかしやがる、本を読んで病気が治《なお》るか！」と、反対《はんたい》せられることになる。ところが、本を読んで心が治《なお》るということは、当然《とうぜん》のことであります。本を読んで心を治《なお》させようと思って、日本全国《にっぽんぜんこく》に学校《がっこう》というものが拵《こしら》えてある。これは本を読んで心が治《なお》るという前提《ぜんてい》があって初《はじ》めて学校というものの必要《ひつよう》があるのであります。そして、本を読んで心が治《なお》るということが明《あきら》かでありましたならば、本を読んで心が治《なお》り、心が治《なお》れば心の放送《ほうそう》の波《なみ》が変《かわ》る、心の放送の波が変《かわ》ればそこに人体《じんたい》ラジオセットに現《あらわ》れるところの形《かたち》が変《かわ》って来《く》るというのは、ちょっとも不思議《ふしぎ》ではないのであります。そういうふうにして非常《ひじょう》に色々《いろいろ》の病気《びょうき》が治《なお》るのであります。

ここには、石川県七尾《いしかわけんななお》から来《き》た手紙《てがみ》がある、丹後百貨店《たんごひゃっかてん》と書いてあります。今日《きょう》来たので、七月《がつ》十八日出《にちで》になっております。近い人《ひと》には見えますが、私宛《わたしあて》でない家内《かない》の名宛《なあて》になっています。これには狂人《きょうじん》が治《なお》ったという話が書いてあります。前の方《ほう》を略《りゃく》してちょっと読んでみます。

「北海道通《ほっかいどうがよ》いの船長加藤鐵四郎《せんちょうかとうてつしろう》氏が全集第《ぜんしゅうだい》一巻《かん》を読んでいる中《うち》に心境《しんきょう》に変《へん》化《か》を来《き》たし、伏木港《ふしきこう》に廻航《かいこう》すると精神病《せいしんびょう》であるはずの奥《おく》さんがにこにこと波止場《はとば》へ迎《むか》えに来《き》ておられし由《よし》に候《そうろう》。最近坊《さいきんぼっ》ちゃんが輸血《ゆけつ》するよう医師《いし》から

七尾　北陸地方の西部に位置する石川県能登地方の中心都市。昭和十四年まで町。現在は市となっている。本全集第九巻「聖霊篇」中巻第四章等参照

家内　谷口輝子。明治二十九～昭和六十三年。大正九年に著者と結婚。生長の家の婦人の集まり「白鳩会」総裁としても著者を支え続けた

全集第一巻　昭和十年一月に発行された黒布表紙版『生命の實相』全集第一巻。本全集第一～四巻「総説篇」「実相篇」

伏木港　日本海沿岸航路の港町として発展してきた富山県高岡市の伏木地区の港

廻航　船を目的の港に向かわせること

波止場　港湾で船舶を横づけにして乗客の乗降や貨物の積み卸しをする所。埠頭

勧《すすめ》られし程《ほど》重態《じゅうたい》に陥《おちい》りし時《とき》、出先《でさき》の七尾《ななお》からその必要《ひつよう》なしと申渡《もうしわた》し、看護《かんご》の心持《こころもち》を奥様《おくさま》へ指示《しじ》し、翌日《よくじつ》伏木港《ふしきこう》に入《い》り信念《しんねん》に基《もと》づく看護せしに、その翌日よりお粥《かゆ》が食べたいと申《もう》され、二、三日後《にちご》すっかり元気回復《げんきかいふく》され、次にお出《い》でになりし時《とき》はそれはそれは大喜《おおよろこ》びに候《そうろう》。この輩下《はいか》の機関長《きかんちょう》も船長《せんちょう》の感《かん》化《か》により誌友《しゆう》となりしに、手に負《お》えない息子《むすこ》の不良直《ふりょうなお》り、おまけに持病《じびょう》の痔《じ》もいつとはなしに治《なお》り、喧《やかま》しかった喰《く》いイドリや短気《たんき》も治《なお》り仲仕《なかし》は大助《おおだす》かりと、本人《ほんにん》自身来訪《じしんらいほう》して直話《じきわ》に御座候《ござそうろう》。……」（イドリとは食物《しょくもつ》の不平《ふへい》の意《い》、方言《ほうげん》）

本人《ほんにん》の痔《じ》や短気が治《なお》っただけではなく、良人《おっと》が『生命《せいめい》の實相《じっそう》』を読んでいる中《うち》に妻《つま》の精神病《せいしんびょう》が治《なお》った。親《おや》が『生命《せいめい》の實相《じっそう》』を読んでいるうちに息子の不良が治《なお》った。『生命《せいめい》の實相《じっそう》』を読んで得《え》られる功徳《くどく》は、ただただ本人だけではなく、また肉体《にくたい》の病気《びょうき》だけではないのであります。ここに教育《きょういく》の根《こん》

重態　病気が重いこと

輩下　部下。配下

仲仕　港などで、船の貨物をかついで運ぶ作業員

直話　直接聞いた話

本義《ぽんぎ》があります。主人《しゅじん》が船に乗りながら『生命《せいめい》の實相《じっそう》』の第《だい》一巻《かん》を読んだら奥《おく》さんの精神病《せいしんびょう》が治《なお》ったというのはちょっと聞くと「主人が薬《くすり》を服《の》んだら奥さんの病気《びょうき》が治《なお》った」というような変《へん》な話です。けれども物質《ぶっしつ》の薬なら主人が薬を服《の》んだので奥さんの病気が治《なお》るということはありませんけれども、心の薬は心は波《なみ》なんですから、波というものは互《たがい》に交感《こうかん》するものです。互《たが》い互《たが》いに影響《えいきょう》し感《かん》じ合《あ》うものなのです。離《はな》れておっても感じ合う。それですから「本を読んだら病気が治《なお》るといっても、本人《ほんにん》が重態《じゅうたい》で読めないという時《とき》に『君《きみ》本を読め』なんてそんな乱暴《らんぼう》なこと言っても、本人がそんなに重態では読むこと出来《でき》やしないじゃないか」と反問《はんもん》したり、「赤《あか》ン坊《ぼう》が病気の時に本読めと言うたって赤ン坊が本読めるものか、本読んで病気が治《なお》る、そんな馬鹿《ばか》なことない」こう反駁《はんばく》せられる人《ひと》があります。ところがよくよく考えてみるとそうではない。本人は読めなくても家族《かぞく》の主《あるじ》たるものが、その家庭《かてい》全体《ぜんたい》の念波《ねんぱ》を掌《つかさど》っている、精神波動《せいしんはどう》の中枢《ちゅうすう》を掌《つかさど》っているところの人物《じんぶつ》が

交感　互いに感じ合うこと

掌る　管理する。統率する

中枢　物事の中心となっている最も重要なところ

大調和《だいちょうわ》の精神波動《せいしんはどう》を起《おこ》したならば、その波動《はどう》が奥《おく》さんにも通《つう》じて来《き》て奥さんの病気《びょうき》が治《なお》るのであります。こういうふうに説明《せつめい》しますと、何《なに》も不思議《ふしぎ》なこともない、子供《こども》の健康状態《けんこうじょうたい》も親《おや》の心の持方《もちかた》で変化《へんか》する、更《さら》に子供の学業《がくぎょう》成績《せいせき》も親の心の持方《もちかた》で変化するのであります。

第四十六巻索引

＊頻度の多い項目は、その項目を定義、説明している箇所を主に抽出した。
＊関連する項目は→で参照を促した。
＊一つの項目に複数の索引項目がある場合は、一部例外を除き、一つの項目にのみ頁数を入れ、他の項目には→のみを入れ、矢印で示された項目で頁数を確認できるよう促した。(例 「愛の心」「神の光」等)

〔あ〕

〔い〕

〔う〕

〔き〕

〔さ〕

〔す〕

〔せ〕

〔そ〕

〔た〕

〔ち〕

〔つ〕

〔て〕

〔と〕

〔な〕

〔に〕

〔ね〕

〔は〕

〔ひ〕

〔め〕

〔も〕

〔や〕

〔ゆ〕

〔よ〕

〔り〕

〔れ〕

〔ろ〕

〔わ〕

箴言・真理の言葉

新編《しんぺん》 生命《せいめい》の實相《じっそう》 第四十六巻 女性教育篇《じょせいきょういくへん》

母《はは》・妻《つま》・娘《むすめ》の聖書《せいしょ》（下）

令和三年四月二十日 初版発行

著者 谷口雅春《たにぐちまさはる》

責任編集 公益財団法人 生長の家社会事業団
谷口雅春著作編纂委員会

発行者 白水春人

発行所 株式会社 光明思想社
〒一〇三―〇〇〇四
東京都中央区東日本橋二―二七―九 初音森ビル10F
電話〇三―五八二九―六五八一
郵便振替〇〇一二〇―六―五〇三〇二八

装幀 松本 桂
本文組版 ショービ
印刷・製本 凸版印刷
カバー・扉彫刻 服部仁郎作「神像」©Iwao Hattori,1954

ISBN978-4-86700-017-5